AF359636

MUSÉE PÉDAGOGIQUE

ET

BIBLIOTHÈQUE CENTRALE DE L'ENSEIGNEMENT PRIMAIRE.

# MÉMOIRES

ET

# DOCUMENTS SCOLAIRES

PUBLIÉS PAR LE MUSÉE PÉDAGOGIQUE.

Fascicule n° 49.

## L'ENSEIGNEMENT

## DE LA GYMNASTIQUE

DANS LES ÉTABLISSEMENTS

D'ENSEIGNEMENT PRIMAIRE.

PARIS.

IMPRIMERIE NATIONALE.

HACHETTE ET Cⁱᵉ,
ÉDITEURS,
Boulevard Saint-Germain, n° 79.

CH. DELAGRAVE,
ÉDITEUR,
Rue Soufflot, n° 15.

ALPHONSE PICARD,
ÉDITEUR,
Rue Bonaparte, n° 82.

DELALAIN FRÈRES,
ÉDITEURS,
Rue des Écoles, n° 56.

1887.

# MÉMOIRES ET DOCUMENTS SCOLAIRES.
## PUBLIÉS PAR LE MUSÉE PÉDAGOGIQUE.

Sous le titre de **Mémoires et documents scolaires**, le Musée pédagogique publie, à intervalles irréguliers, des travaux ou documents intéressant l'instruction publique à ses divers degrés. Les fascicules suivants ont déjà paru et sont en vente, à Paris : aux bureaux de la *Revue pédagogique*, librairie Ch. Delagrave, rue Soufflot, n° 15; à la librairie Hachette, boulevard Saint-Germain, n° 79; chez Alphonse Picard, libraire, rue Bonaparte, n° 82, et à la librairie Delalain frères, rue des Écoles, n° 56.

### Fascicule n° 1.

Le projet de loi sur l'organisation de l'enseignement primaire (1882-1884), recueil de documents parlementaires relatifs à la discussion de cette loi à la Chambre des députés. Un fort volume in-8° de XII-832 pages. Prix.................................... 6 fr.

### Fascicule n° 2.

Une acquisition de la bibliothèque du Musée pédagogique : *Dialogus Jacobi Fabri Stapulensis in phisicam introductionem. Introductio in phisicam Aristotelis;* in-4°, imprimé en 1510 par Jean Haller, à Cracovie. Étude bibliographique et pédagogique, par L. Massebieau. (Extrait de la *Revue pédagogique*, numéro du 15 mai 1885.) Une brochure in-8°. Prix.... 50 cent.

### Fascicule n° 3.

Répertoire des ouvrages pédagogiques du XVI° siècle (*Bibliothèques de Paris et des départements*). Un volume in-8° de 800 pages, imprimé à l'Imprimerie nationale. Prix..... 5 fr.

### Fascicule n° 4.

Les sciences expérimentales dans l'enseignement primaire, par René Leblanc. (Extrait de la *Revue pédagogique*, numéros du 15 février et du 15 mai 1883, et numéro du 15 août 1885.) Une brochure in-8°. Prix..................................... 80 cent.

### Fascicule n° 5.

Compte rendu officiel du Congrès international d'instituteurs et d'institutrices, tenu au Havre du 6 au 10 septembre 1885. Un volume in-8°. Prix........................ 2 fr.

### Fascicule n° 6.

Règlements et programmes d'études des écoles normales d'instituteurs et des écoles normales d'institutrices. Un volume in-8°, imprimé à l'Imprimerie nationale. Prix........... 1ᶠ 25ᶜ

### Fascicule n° 7.

Schola aquitanica : *Programme d'études du collège de Guyenne au XVI° siècle*, réimprimé avec une préface, une traduction française et des notes, par L. Massebieau. Un volume in-8°. Prix........................................................... 1ᶠ 80ᶜ

### Fascicule n° 8.

Instruction spéciale sur l'enseignement du travail manuel dans les écoles normales d'instituteurs et les écoles primaires élémentaires et supérieures. Un volume in-8°, imprimé à l'Imprimerie nationale. Prix........................................ 70 cent.

### Fascicule n° 9.

Projet d'instruction pour l'installation d'écoles enfantines modèles. Un volume in-8°, imprimé à l'Imprimerie nationale. Prix................................................ 1 fr.

### Fascicule n° 10.

Le projet de loi sur l'organisation de l'enseignement primaire (1886), recueil de documents parlementaires relatifs à la discussion de cette loi au Sénat (1ʳᵉ *délibération*). Un fort volume in-8° de 586 pages. Prix................................................ 3 fr.

### Fascicule n° 11.

Le projet de loi sur l'organisation de l'enseignement primaire (1886), recueil de documents parlementaires relatifs à la discussion de cette loi au Sénat (2° *délibération*). Un volume in-8° de 391 pages. Prix........................................................ 2 fr.

# L'ENSEIGNEMENT

# DE LA GYMNASTIQUE

## DANS LES·ÉTABLISSEMENTS

## D'ENSEIGNEMENT PRIMAIRE.

# L'ENSEIGNEMENT

## DE

# LA GYMNASTIQUE

## DANS LES ÉTABLISSEMENTS

## D'ENSEIGNEMENT PRIMAIRE.

## PARIS.

### IMPRIMERIE NATIONALE.

M DCCC LXXXVII.

# AVIS.

Ce fascicule contient les principaux documents relatifs à l'enseignement de la gymnastique classés dans l'ordre suivant [1] :

I. *Législation.*

II. *Examens. — Certificat spécial pour l'enseignement de la gymnastique.*

III. *Circulaires et instructions relatives à l'enseignement de la gymnastique.*

IV. *Programmes de l'enseignement de la gymnastique dans les établissements d'enseignement primaire.*

V. *Matériel pour l'enseignement de la gymnastique (Installation des gymnases des écoles normales et des écoles primaires).*

VI. *Enseignement de la gymnastique à l'étranger.* (Note de M. G. Demeny.)

VII. *Bibliographie.*

---

[1] Ces documents ont été réunis et annotés par M. Sabatié, employé à la Direction de l'enseignement primaire au Ministère de l'Instruction publique.

# I
# LÉGISLATION.

# DÉCRET DU 3 FÉVRIER 1869

## RELATIF À L'ENSEIGNEMENT DE LA GYMNASTIQUE
## DANS LES ÉTABLISSEMENTS PUBLICS D'INSTRUCTION [1].

Sur la proposition de notre Ministre de l'Instruction publique,

Vu l'article 23 de la loi du 15 mars 1850 [2];

Vu l'arrêté du 13 mars 1854, portant règlement sur l'enseignement de la gymnastique, et le programme y annexé;

Vu l'article 1er de la loi du 21 juin 1865 [3];

Vu les articles 46, 73 et 74 de la loi du 15 mars 1850;

Vu le rapport de la Commission chargée de préparer un programme de l'enseignement de la gymnastique dans les écoles primaires, les collèges, les lycées et les écoles normales primaires, ensemble les programmes rédigés par ladite Commission et annexés au présent décret;

Vu l'avis du Conseil supérieur de perfectionnement de l'enseignement secondaire spécial;

---

[1] Ce décret fut rendu sur les propositions d'une commission spéciale instituée au Ministère de l'Instruction publique en 1868, pour l'étude des questions relatives à l'organisation de l'enseignement de la gymnastique dans les établissements universitaires. Les travaux de cette commission ont été relatés dans un rapport très remarquable de M. le D<sup>r</sup> Hillairet.

[2] Dans la loi du 15 mars 1850 (art. 23), la gymnastique figurait au nombre des *matières facultatives* de l'enseignement primaire. Elle fut inscrite dans le règlement du 24 mars 1851 parmi les *matières obligatoires* de l'enseignement dans les écoles normales.

[3] La loi du 21 juin 1865, relative à l'enseignement secondaire spécial, réserve une place à la gymnastique dans cet enseignement, mais ne la comprend pas au nombre des matières obligatoires.

Le Conseil de l'Instruction publique entendu,

Avons décrété et décrétons ce qui suit :

## TITRE PREMIER.

### DES LYCÉES ET COLLÈGES.

Article premier. La gymnastique fait partie de l'enseignement donné dans les lycées et les collèges communaux. Elle y est enseignée conformément au programme n° 2 ci-annexé, dans la mesure indiquée pour chaque élève par le médecin de l'établissement.

Notre Ministre de l'Instruction publique détermine le nombre d'heures qui devront être assignées par semaine à cet enseignement; les leçons de gymnastique ne sont pas prises sur le temps des récréations.

Art. 2. Un maître de gymnastique est attaché à chaque lycée ou collège. Il est nommé par le Ministre.

Art. 3. Les appareils de gymnastique nécessaires aux exercices qui en comportent l'emploi, conformément au programme, seront construits ou installés dans tous les lycées. Il en sera de même pour les collèges communaux dans la mesure des crédits votés à cet effet par le conseil municipal.

## TITRE II.

### DES ÉCOLES PRIMAIRES COMMUNALES.

Art. 4. Les conseils municipaux délibéreront, dans leur session de mai 1869, sur les moyens à prendre pour organiser les exercices gymnastiques appropriés aux besoins des écoles primaires communales.

Art. 5. L'enseignement de la gymnastique dans les écoles primaires communales comprend nécessairement ceux des mouvements et exercices indiqués au programme n° 1 ci-annexé, qui ne comportent l'emploi d'aucun appareil.

Dans les écoles où les appareils et agrès indispensables ont pu être installés au moyen d'une allocation accordée par le conseil municipal, le département ou l'État, ou à l'aide de souscriptions particulières, cet enseignement comprend en tout ou en partie les exercices qui comportent, conformément audit programme, l'emploi d'appareils et d'agrès.

Les exercices gymnastiques sont dirigés par l'instituteur ou par un maître spécial. Ils sont suivis par tous les élèves qui n'en ont pas été dispensés par le maire sur le certificat d'un médecin.

Art. 6. Des secours pourront être accordés sur les fonds de l'État aux communes qui feront établir des appareils de gymnastique pour leurs écoles.

Art. 7. Sur la proposition de l'Inspecteur d'Académie, le conseil départemental fixe le nombre des leçons à donner par semaine aux élèves des écoles primaires, ainsi que les jours et heures de ces leçons.

## TITRE III.

### DES ÉCOLES NORMALES PRIMAIRES.

Art. 8. L'enseignement de la gymnastique est obligatoire dans les écoles normales primaires et dans les écoles primaires qui leur sont annexées. Cet enseignement est donné conformément au programme n° 3 ci-annexé pour les écoles normales, et au programme n° 1 en ce qui concerne les écoles primaires, sauf les dispenses individuelles accordées par le médecin attaché à l'établissement.

Art. 9. Les appareils de gymnastique nécessaires pour la complète exécution du programme n° 3 seront établis dans toutes les écoles normales primaires.

Art. 10. Un maître de gymnastique, nommé par le Ministre, est attaché à chaque école normale primaire.

Le maître de gymnastique de l'école normale peut être chargé par le recteur d'enseigner aux instituteurs, réunis à cet effet au chef-lieu de canton, le mode d'exécution du programme à suivre dans les écoles primaires.

## TITRE IV.

### DISPOSITIONS GÉNÉRALES.

ART. 11. Une commission de cinq membres, nommée par le Ministre de l'Instruction publique, est instituée au chef-lieu de chacune des académies pour examiner les candidats qui veulent obtenir un *certificat spécial d'aptitude à l'enseignement de la gymnastique.* Ce certificat est délivré par le Ministre sur le rapport de la Commission. Un arrêté du Ministre détermine les formes et les conditions de l'examen [1].

ART. 12. La Commission d'examen instituée au chef-lieu de chaque département, en vertu de l'article 46 de la loi du 15 mars 1850, pour juger l'aptitude au brevet de capacité pour l'enseignement primaire, est autorisée, en ce qui touche les épreuves relatives à la gymnastique, à s'adjoindre, à titre consultatif, pour cette partie spéciale de l'examen, une ou deux personnes ayant fait une étude particulière de cet enseignement.

# LOI DU 27 JANVIER 1880

### AYANT POUR BUT DE RENDRE OBLIGATOIRE L'ENSEIGNEMENT

### DE LA GYMNASTIQUE DANS LES ÉTABLISSEMENTS PUBLICS D'INSTRUCTION.

ARTICLE PREMIER. L'enseignement de la gymnastique est obligatoire dans tous les établissements d'instruction publique de garçons dépendant de l'État, des départements et des communes [2].

---

[1] L'examen est actuellement réglementé par l'arrêté du 18 janvier 1887. (Voir p. 11.)

[2] Aux termes de l'article 1er de la loi du 28 mars 1882, la gymnastique figure au nombre des matières obligatoires de l'enseignement primaire pour les garçons et pour les filles. Les exercices militaires sont, en outre, rendus obligatoires pour les garçons.

Art. 2. Cet enseignement est donné dans les conditions et suivant les programmes arrêtés par le Ministre de l'Instruction publique selon l'importance des établissements.

Art. 3. Un rapport sur les résultats de la vérification faite au moins une fois par an, par les soins du Ministre de l'Instruction publique, dans tous les établissements auxquels s'applique la présente loi, sera annexé au budget.

Art. 4. La disposition de l'article 23 de la loi du 15 mars 1850 concernant la gymnastique dans les établissements publics est abrogée.

Art. 5. La présente loi entrera en vigueur dans le délai de deux ans à dater de sa promulgation.

II

EXAMENS.

# ARRÊTÉ ORGANIQUE DU 18 JANVIER 1887.

EXTRAITS RELATIFS AUX EXAMENS DE GYMNASTIQUE.

## I

### CONCOURS D'ADMISSION AUX ÉCOLES NORMALES D'INSTITUTEURS ET D'INSTITUTRICES.

**Art. 92, § IV.** Au nombre des épreuves de la deuxième série figurent des exercices de gymnastique compris dans le programme du cours supérieur des écoles primaires [1].

## II

### BREVET ÉLÉMENTAIRE.

**Art. 147.** (Épreuves de la deuxième série.) Les *aspirants* devront exécuter les exercices les plus élémentaires de gymnastique prévus par le programme des écoles primaires. — Durée de l'épreuve : dix minutes au maximum [2].

## III

### CERTIFICAT D'APTITUDE À L'ENSEIGNEMENT DE LA GYMNASTIQUE [3].

**Art. 215.** Une commission est nommée chaque année par le Ministre de l'Instruction publique [4] pour examiner les candidats au certificat d'aptitude à l'enseignement de la gymnastique.

**Art. 216.** Les candidats devront se faire inscrire, quinze jours avant la date de l'examen, à Paris, à la Sorbonne, et, dans les dé-

---

[1] Voir ce programme, p. 48.

[2] Aux termes de l'article 149 de l'arrêté, les exercices de gymnastique sont notés, ainsi que les exercices de solfège, de o à 10. Toutes les autres épreuves de l'examen du brevet élémentaire sont notées de o à 20.

[3] L'examen du certificat d'aptitude à l'enseignement de la gymnastique a été institué par le décret du 3 février 1869 (art. 11) et réglementé, jusqu'en 1887, par un arrêté du 25 novembre 1869. Il figure au nombre des examens prévus par la loi du 30 octobre 1886 (art. 21).

[4] Cette commission est nommée par le Ministre, sur les propositions des recteurs.

partements, au bureau de l'Inspection académique, et joindre à leur demande d'inscription :

L'indication des lieux où ils ont résidé et des fonctions qu'ils ont remplies ;

Les diplômes ou brevets qu'ils peuvent posséder [1].

**Art. 217** [2]. L'examen se compose d'épreuves orales et pratiques qui ont lieu (à Paris) au chef-lieu du département [3].

**Art. 218.** L'examen oral consiste en interrogations sur les sciences qui trouvent directement leur application dans l'étude de la gymnastique, conformément au programme annexé au présent arrêté [4]. — Durée de l'épreuve : vingt minutes.

**Art. 219.** L'examen pratique comprend :

1° L'exécution, par le candidat, de cinq exercices gymnastiques pris parmi ceux qui sont prescrits par le Manuel de gymnastique publié par le Ministère ;

2° La direction d'exercices gymnastiques faits par un groupe d'élèves.

---

[1] Aux termes de l'article 114 du décret organique du 18 janvier 1887, les candidats au certificat d'aptitude à l'enseignement de la gymnastique doivent être âgés de dix-huit ans révolus au moment de leur inscription

[2] Dans la rédaction qui avait été proposée par l'Administration, et qui n'a pas été adoptée par le Conseil supérieur, l'examen devait se composer d'une épreuve écrite ayant lieu au chef-lieu du département et d'épreuves orales et pratiques ayant lieu à Paris. L'épreuve écrite, qui aurait été éliminatoire, consistait en une rédaction sur la gymnastique considérée comme moyen d'éducation physique.

[3] L'examen, qui devait avoir lieu à Paris, d'après l'arrêté du 10 janvier 1887, a été placé, par un arrêté du 25 mars suivant, au chef-lieu du département. Il se passait au chef-lieu de l'Académie sous le régime du décret du 3 février 1869.

[4] Le programme annexé à l'arrêté est le suivant :

I. Notions sommaires de mécanique applicables à la machine animale. — Notions de l'inertie et de la force. — Pesanteur, centre de gravité, conditions de l'équilibre d'un corps qui repose sur un plan. — Levier.

II. Organes du mouvement chez l'homme : 1° Organes passifs : les os, forme, structure, composition. — Articulations et membranes synoviales. — 2° Organes actifs : les muscles, forme, structure, propriétés. — Tendons.

III. Hygiène spéciale. — Les fonctions du corps dans leurs rapports avec la gymnastique. — Digestion : circulation, respiration, fonctions de la peau. — Influence de la gymnastique sur la santé physique et morale. — Nécessité de régler les exercices.

Heures et locaux convenables pour la leçon, suivant la saison et l'état de l'atmosphère. — Vêtements appropriés aux exercices.

Premiers secours à donner, en cas d'accidents, pendant les exercices et avant l'arrivée du médecin.

Durée de l'épreuve : une demi-heure.

ART. 220. Les épreuves sont jugées par les chiffres o à 20.

Tout candidat qui n'a pas obtenu le minimum de 20 points est ajourné.

ART. 221. Après la clôture des examens, la Commission dresse, par ordre de mérite, la liste des candidats qu'elle juge dignes du certificat d'aptitude à l'enseignement de la gymnastique.

Cette liste est soumise à l'approbation du Ministre, qui délivre les certificats [1].

---

[1] Le nombre des candidats qui prennent part à l'examen du certificat d'aptitude à l'enseignement de la gymnastique s'est accru, depuis plusieurs années, dans des proportions assez considérables. La plupart des élèves-maîtres et élèves-maîtresses des écoles normales subissent cet examen.

# III

# CIRCULAIRES ET INSTRUCTIONS

### RELATIVES

### À L'ENSEIGNEMENT DE LA GYMNASTIQUE.

# CIRCULAIRE DU 9 MARS 1869

RELATIVE À L'ORGANISATION DE L'ENSEIGNEMENT DE LA GYMNASTIQUE
DANS LES ÉTABLISSEMENTS PUBLICS D'INSTRUCTION [1].

Monsieur le Recteur, j'ai l'honneur de vous adresser le décret du 3 février 1869 et les programmes relatifs à l'enseignement de la gymnastique, pour qu'ils soient mis en vigueur le plus promptement possible dans les établissements d'instruction publique de votre ressort.

J'y joins le rapport de la Commission [2] qui a préparé les programmes adoptés par le Conseil supérieur de l'enseignement spécial et par le Conseil de l'Instruction publique.

Vous reconnaîtrez bien vite, Monsieur le Recteur, le soin avec lequel ces programmes ont été composés; mais j'appelle votre attention toute particulière sur la pensée qui a dirigé la Commission. La gymnastique de l'armée a pour but d'habituer ceux qui s'y livrent à des exercices difficiles et même jusqu'à un certain point dangereux, afin que le soldat arrive à la plus grande puissance de force musculaire, d'adresse et d'agilité, en même temps qu'il s'habitue à triompher d'obstacles en apparence périlleux. La gymnastique des lycées et des écoles, au contraire, ne doit chercher qu'à développer d'une manière normale et progressive les forces du corps, à en rétablir, au besoin, l'équilibre et l'harmonie. C'est un exercice hygiénique que le médecin surveille et contrôle, et non pas un moyen de produire des prodiges d'agilité ou de hardiesse.

Telle est la règle qui présidera dans nos écoles à cet enseignement et dont vous surveillerez avec le plus grand soin l'exécution.

Pour les lycées et les écoles normales primaires, les programmes

---

[1] Depuis la promulgation du décret du 3 février 1869, de nombreuses instructions ou circulaires ont paru sur l'enseignement de la gymnastique. On n'a mentionné dans ce fascicule que ceux de ces documents qui, par leur caractère général, peuvent encore offrir actuellement quelque intérêt.

[2] Il s'agit du rapport de M. le Dʳ Hillairet, qui a été inséré *in extenso* dans une brochure publiée par le Ministère de l'Instruction publique, en 1878, sous le titre : *Enseignement de la gymnastique dans l'Université.*

seront immédiatement appliqués partout où le matériel d'enseignement existe déjà. Là où il fait défaut, des devis seront préparés par
vos soins, afin de me mettre en mesure d'obtenir les crédits nécessaires.

Dans les collèges et les écoles primaires, les installations dépen-
dent des ressources votées par les conseils municipaux : les programmes ne pourront donc y être suivis que dans la mesure que
comporteront les appareils dont l'établissement disposera. Mais vous
aurez soin d'agir auprès des administrations municipales qui seraient
en état de supporter ces dépenses, pour que les aménagements in-
dispenables soient exécutés. J'espère qu'une augmentation de crédit
au budget de l'instruction publique me permettra de venir en aide
aux communes les plus dépourvues, car il s'agit d'un intérêt vrai-
ment national.

EXERCICES RELATIFS AU MANIEMENT DE L'ARME ET À L'ÉCOLE DU SOLDAT.

Un genre particulier d'exercices aura lieu dans les lycées, les collèges et les écoles normales primaires : ce sont ceux qui se rappor-
tent au maniement des armes et à l'école du soldat. Ils sont réglés par
la théorie spéciale que le Ministère de la Guerre a préparée pour la
garde nationale mobile. Introduits à titre d'essai dans les lycées de
l'Académie de Paris, ils y ont parfaitement réussi. Les instructeurs
s'étonnent de la promptitude avec laquelle nos élèves apprennent
ces exercices qui se combinent avec la gymnastique ordinaire, et qui
les mettront en état de réclamer le bénéfice du dernier paragraphe
de l'article 9 de la loi du 1er février 1868, sur l'organisation de
l'armée, aux termes duquel : « Sont exemptés des exercices les jeunes
gens qui justifient d'une connaissance suffisante du maniement des
armes et de l'école du soldat. »

D'ailleurs, au point de vue de l'éducation, il ne faut pas dédai-
gner ce moyen de donner au corps une meilleure tenue, à l'âme
plus d'assurance. On a dit que certaines vertus tenaient aux armes.
Ceux qui ont le soin paternel d'élever les jeunes générations ne doivent négliger rien de ce qui peut les aider à former des hommes.

UTILITÉ DE LA GYMNASTIQUE, MÊME DANS LES ÉCOLES RURALES.

Dans les écoles rurales, où le plus souvent les exercices gymnastiques ne pourront être faits à l'aide d'appareils, on devra se borner
à des mouvements d'ensemble qui donneront au corps plus de lé-
gèreté et de souplesse. Au village, l'enfant a l'air et l'espace qui lui

manquent dans les villes; mais les jeux gymnastiques remplace-
raient d'une manière heureuse le vagabondage dans les rues ou sur
les places, le maraudage dans les champs ou la destruction des nids
d'oiseaux dans les bois. L'attitude embarrassée et lourde d'un grand
nombre de conscrits des communes rurales suffirait à montrer com-
bien ils ont encore besoin qu'on assouplisse leurs membres, qu'on
rende leur démarche plus dégagée, qu'on leur apprenne, enfin,
à tirer meilleur parti de toutes les forces que la nature a mises
en eux.

Les conseils départementaux, éclairés par l'avis des personnes
compétentes, sauront déterminer la mesure dans laquelle l'enseignement élémentaire de la gymnastique sera donné aux élèves des
écoles primaires. Dans tel district manufacturier, où la jeune génér-
ration dépérit sous l'influence du travail industriel, où le corps des
enfants porte la trace prématurée d'un assujettissement pénible, la
gymnastique sera un immense bienfait. Si elle ne doit pas avoir dans
toutes les localités le caractère d'un remède nécessaire, elle sera partout utile parce qu'il y a pour tout le monde avantage à savoir bien
régler le développement des forces physiques, ce qui est le but de
la gymnastique. En outre, il faut bien remarquer que ces mouvements cadencés, dirigés par le maître, sont encore une habitude
d'ordre qu'il fait prendre à ses élèves, et que cette discipline du corps
est aussi une discipline de l'esprit. C'est pour cela que les plus grands
philosophes de la Grèce donnaient à la gymnastique tant d'importance dans l'éducation.

A un autre point de vue, quels services rendraient les jeunes
gens de la campagne en cas d'incendie, d'inondations ou d'accidents
graves, s'ils étaient habitués de bonne heure à ces exercices gymnastiques qui, en augmentant la force et l'adresse de l'homme de cœur,
lui permettent de porter de prompts secours aux personnes en
danger, de courir là où les inhabiles ne peuvent aller, de faire plus
qu'eux, sans s'exposer davantage, et d'accomplir parfois des sauve-
tages héroïques que la foule applaudit et que l'Empereur récompense!

NOMBRE ET DURÉE DES LEÇONS.

Les leçons, y compris les exercices militaires, sont au nombre
de quatre par semaine; elles doivent durer chacune une demi-heure
au moins. Dans les lycées et collèges, elles seront prises sur le
temps d'étude. Veuillez tenir la main à ce que cette prescription
s'exécute.

Dans les écoles normales, où les élèves ne sont plus des enfants, les exercices gymnastiques pourront avoir lieu pendant le temps consacré aux récréations, si déjà ce temps n'est affecté à l'enseignement pratique de l'agriculture. Les élèves-maîtres trouveront pour leur esprit, dans ces exercices corporels, un repos que ne leur procurent pas toujours suffisamment de simples promenades dans des cours d'étendue trop restreinte.

Pour les écoles primaires, l'article 7 du décret charge le conseil départemental de fixer, sur la proposition de l'Inspecteur d'Académie, le nombre des leçons qui pourront y être données par semaine, ainsi que les jours et heures de ces leçons. Comme dans beaucoup de communes rurales elles se feront longtemps encore sans appareils, elles ne pourront être que d'une courte durée, mais elles couperont heureusement les classes trop longues.

### CONSTRUCTION DE GYMNASES COUVERTS ET INSTALLATION DU MATÉRIEL FIXE, OUVRAGES DE CHARPENTE, POUTRES, ETC.

Pour les lycées et les écoles normales primaires, tous les aménagements nécessaires à l'enseignement de la gymnastique devront être préparés d'urgence; en conséquence, vous ferez dresser immédiatement par un architecte, pour chaque lycée et école normale de votre ressort, le devis de la dépense que comporte l'installation d'un gymnase couvert, pourvu des appareils et agrès indiqués au programme. Le devis sera accompagné d'un plan et d'un projet détaillé que vous me transmettrez avec l'avis du bureau d'administration et du conseil de perfectionnement s'il s'agit d'un lycée, avec l'avis de la commission de surveillance s'il s'agit d'une école normale primaire.

Veillez à ce que le projet soit conçu avec simplicité, afin de réduire la dépense.

Vous m'adresserez, dans le plus bref délai possible, avec vos propositions, le projet ainsi étudié. En attendant, vous prendrez des mesures pour suppléer au manque du gymnase couvert; vous engagerez MM. les proviseurs, principaux de collèges et directeurs d'écoles normales à tirer parti des locaux et des ressources dont ils disposent, quelque imparfaits qu'ils soient. La même observation s'applique aux écoles primaires. J'ajoute qu'on peut installer facilement, à la campagne, presque sans frais, les premiers appareils de gymnastique, tels qu'une échelle ordinaire, des barres parallèles, une poutre supportée par deux murs, etc.

En ce qui concerne les écoles normales primaires qui sont entretenues aux frais des départements, vous devrez vous concerter avec MM. les préfets. Je leur adresse une circulaire spéciale pour demander leur concours à cette œuvre d'intérêt public. Il leur appartiendra de soumettre aux conseils généraux, dans la session du mois d'août prochain, et aux conseils municipaux dans leur session de mai, les demandes de crédits nécessaires pour l'installation et l'amélioration du service de la gymnastique dans les écoles normales et les écoles primaires.

Quant aux collèges communaux et aux écoles primaires, où les installations ne sont possibles qu'au moyen de crédits votés par le conseil municipal, le défaut de ressources ou l'état des locaux peut motiver l'ajournement en tout ou en partie des exercices qui comportent l'emploi d'appareils et d'agrès.

Les villes, en effet, où il existe un collège ne sont pas liées à cet égard par une obligation légale, et c'est de leur générosité, de leur zèle pour les intérêts de l'enfance et de la jeunesse, que dépend aujourd'hui la solution favorable; mais, lors du renouvellement de l'engagement quinquennal, ou lorsqu'il s'agira de la création ou de la transformation d'un collège, vous pourrez invoquer l'article 74 de la loi du 15 mars 1850. La gymnastique fait désormais partie des programmes de l'enseignement secondaire public; l'obligation pour les villes, qui veulent avoir un collège communal, de fournir un local « approprié à cet usage » et d'y placer « le mobilier nécessaire à la tenue des cours », implique l'installation d'un gymnase couvert, muni des appareils nécessaires.

APPAREILS ET AGRÈS MOBILES (CORDAGES, HALTÈRES,<br>BARRES À SPHÈRES, ETC.).

Les appareils et agrès nécessaires pour l'enseignement de la gymnastique se divisent en deux catégories. Ils comprennent, d'une part, les travaux de charpente, les poutres et gros ouvrages de menuiserie qui partout peuvent être faits sur place dans de bonnes conditions et à bas prix; d'autre part, les agrès, appareils, cordages, pièces de fonte ou de fer, instruments mobiles pour les exercices, qu'il serait souvent difficile et coûteux de faire établir dans la localité où ils doivent être employés. Dans ces circonstances, j'ai pensé qu'il serait possible d'accélérer l'organisation du service et de diminuer la dépense au moyen d'une adjudication faite de la manière suivante. Un catalogue et une collection type des objets indiqués par les programmes officiels comme nécessaires pour l'enseignement vont être établis par la Commission de gymnastique. Le catalogue donne l'indication, pour chaque article, de certains prix de vente.

Le cahier des charges porte que l'adjudicataire désigné devra, sur la demandé des lycées impériaux, collèges communaux, écoles normales primaires ou écoles primaires communales, leur fournir tout ou partie des objets indiqués au catalogue; que l'adjudicataire devra emballer ces objets et les expédier franco jusqu'à la station de chemin de fer la plus rapprochée du lieu de destination; que, pour cette fourniture et les services accessoires, il lui sera payé directement par les établissements acquéreurs un prix réduit déterminé par le rabais effectué sur le prix de vente porté au catalogue.

Cette combinaison, analogue à celle qui est adoptée pour la fourniture des livres aux bibliothèques scolaires, permet cependant à chaque établissement de faire ses réquisitions, s'il le désire, chez un fournisseur autre que l'adjudicataire. Elle a pour unique objet d'offrir aux écoles le moyen de rendre leurs acquisitions plus faciles et moins coûteuses.

FUSILS.

En ce qui concerne les fusils nécessaires dans les établissements publics pour les exercices militaires, ils sont mis à ma disposition par M. le Ministre de la Guerre dans les conditions suivantes : leur nombre est fixé, en principe, au quart de celui des élèves appelés à prendre part à cet exercice, mais, en général, cette réduction au quart ne descend pas au-dessous du nombre vingt, chiffre habituel des élèves qui doivent s'exercer ensemble. La demande, qui m'est faite par votre intermédiaire, doit indiquer le nombre total des élèves au-dessus de seize ans et le nombre de fusils jugés nécessaires. J'informe aussitôt M. le Ministre de la Guerre, et les armes sont expédiées par les transports de son administration, à charge de remboursement des frais par l'établissement destinataire et du retour des caisses après déballage.

VÊTEMENT.

Le vêtement spécial, très peu coûteux, nécessaire aux élèves pour les exercices gymnastiques, est décrit dans le rapport de la Commission. Cette dépense est à la charge des familles. J'ai à peine besoin de faire remarquer que, dans les écoles primaires, dans quelques écoles normales primaires, dans certains collèges communaux, la blouse ou seulement la ceinture ordinaire de l'école pourront suffire.

CHOIX DES MAÎTRES DE GYMNASTIQUE.

Les maîtres auxquels sera confiée la direction des exercices gymnastiques devront être choisis avec grand soin. Des directeurs de gymnases civils, d'anciens sous-officiers sortis de l'école normale militaire de Joinville-le-Pont, sont déjà appelés dans un certain nombre de nos maisons. Chaque régiment possédant un maître de gymnastique et d'excellents instructeurs, les garnisons de beaucoup de villes peuvent offrir, pour la gymnastique proprement dite comme pour les autres exercices, un précieux contingent. A cet égard, M. le Ministre de la Guerre a bien voulu me faire la communication suivante, par lettre du 28 septembre dernier :

« Conformément au désir exprimé à ce sujet, je donne des ordres pour que MM. les officiers généraux commandant les divisions et subdivisions territoriales, ainsi que les commandants d'armes dans les villes où il n'y a pas d'officier général, mettent, selon la demande qui en sera faite, des instructeurs d'une aptitude éprouvée à la disposition des proviseurs de lycées impériaux, des principaux de collèges ou des directeurs d'écoles normales. En ce qui concerne l'indemnité à allouer à ces instructeurs, j'approuve, comme suffisantes, les fixations que vous m'avez proposées, c'est-à-dire 15 francs par mois pour quatre heures de leçons par semaine, ou 30 francs par mois pour huit heures de leçons. »

Des propositions me seront transmises par MM. les recteurs sur la demande des proviseurs, principaux et directeurs, après entente, s'il s'agit de militaires, avec MM. les officiers généraux et commandants d'armes. La nomination des maîtres de gymnastique dans les lycées, les collèges et les écoles normales primaires sera faite par le Ministre de l'Instruction publique, conformément aux articles 2 et 10 du décret du 3 février dernier.

Le traitement est déterminé pour chacun d'eux, sur la proposition du recteur, par l'arrêté de nomination.

Les maîtres adjoints sont nommés par le recteur ; les instructeurs chargés d'enseigner le maniement de l'arme, par le proviseur, principal ou directeur d'école normale, après entente avec MM. les officiers généraux ou commandants d'armes.

Dans les écoles primaires, où des appareils n'auront pu être établis, il n'y aura pas lieu d'appeler un maître spécial de gymnastique, les exercices très simples prescrits par le programme pouvant être dirigés par l'instituteur. Mais il est à désirer qu'il en soit autrement dans les écoles publiques du chef-lieu de canton. Les classes, dans ces localités plus importantes, devant contenir un nombre assez considérable d'élèves, pourront être plus facilement pourvues d'appareils et d'agrès, et justifier ainsi la présence à titre permanent ou temporaire d'un maître spécial. Rien n'empêcherait alors d'admettre à ces exercices les élèves des communes voisines, si les conseils municipaux consentaient à contribuer à la rémunération du maître en proportion du nombre d'enfants qu'ils y enverraient. Dans tous les cas, le maître devra être choisi par l'instituteur et agréé par le préfet. Il est convenable, en effet, d'appliquer ici la règle établie par la loi pour la nomination des instituteurs adjoints.

Un grand nombre d'instituteurs sortis des écoles normales primaires, où ils ont reçu des notions de gymnastique, sont déjà en état de donner des leçons à leurs élèves, mais d'autres auront besoin de directions et de conseils; ils pourront les recevoir, soit dans des conférences cantonales que ferait pour eux le professeur de gymnastique de l'école normale ou de l'école primaire du chef-lieu de canton, soit même dans des réunions d'instituteurs qui auraient lieu au moment des vacances dans le gymnase du lycée, du collège ou de l'école normale.

C'est le moyen de propager rapidement la pratique de la gymnastique élémentaire dans nos écoles.

FORMATION DE LA COMMISSION DE CINQ MEMBRES QUI SERA INSTITUÉE AU CHEF-LIEU DE L'ACADÉMIE POUR DÉLIVRER DES CERTIFICATS D'APTITUDE À L'ENSEIGNEMENT DE LA GYMNASTIQUE.

J'appelle toute votre attention sur les propositions que vous aurez à me soumettre pour constituer la Commission dont il s'agit. Vous en trouverez les éléments dans le corps médical, dans les officiers supérieurs de l'armée, dans le personnel des inspecteurs de l'instruction publique et parmi les professeurs spéciaux de gymnastique. Le certificat d'aptitude dont il s'agit sera un titre important, qui pourra désigner un professeur de gymnastique au choix du Ministre pour la direction de cet enseignement dans les lycées, collèges et écoles normales primaires.

L'application de l'article 12 du décret du 3 février, qui permet aux commissions départementales d'examens pour le brevet de capacité de l'enseignement primaire de s'adjoindre, à titre consultatif pour les épreuves gymnastiques, une ou deux personnes ayant fait une étude particulière de la gymnastique, suffira pour augmenter à cet égard les garanties qui résultent du brevet d'instituteur.

Les demandes d'emploi de maître de gymnastique que m'adressent directement des militaires en activité ou qui ont récemment quitté le service sont transmises à M. le Ministre de la Guerre pour avoir son avis. Il est tenu très grand compte aux candidats, pour l'application du décret du 24 décembre 1868, de la possession des certificats ou brevets de gymnastique délivrés aux militaires par l'école normale de Joinville-le-Pont.

### APTITUDE DES ÉLÈVES.
#### ÂGE DES ÉLÈVES APPELÉS AUX EXERCICES GYMNASTIQUES.

Les programmes déterminent les exercices correspondant aux divers âges, d'après la force présumée des élèves. L'enseignement de la gymnastique est obligatoire pour tous les élèves, à l'exception de ceux que leur constitution physique, l'état de leur santé ou les exigences temporaires de certaines études spéciales pourraient empêcher d'y participer. Dans ce cas, les dispenses devraient être individuelles et très explicitement motivées.

En principe, les élèves âgés de plus de seize ans sont seuls appelés à prendre part aux exercices qui rendent nécessaire le maniement du fusil.

#### PRÉCAUTIONS À PRENDRE DANS L'INTÉRÊT DE LA SANTÉ DES ÉLÈVES ET POUR ÉVITER LES ACCIDENTS.

Le décret du 3 février 1869 impose aux proviseurs, principaux et directeurs d'écoles normales primaires l'obligation de faire apprécier par un médecin l'aptitude physique de chaque élève aux exercices gymnastiques et la mesure dans laquelle il peut se livrer à ces exercices. En ce qui concerne les écoles primaires, la nécessité d'un examen préalable de cette nature existe surtout pour les écoles pourvues d'appareils et d'agrès ; et dans les localités où ces écoles sont établies, il sera facile de trouver un médecin. Il n'en sera pas toujours de même dans les communes rurales éloignées des centres populeux : la gymnastique s'y réduira le plus souvent aux mouvements d'ensemble et aux exercices qui peuvent s'effectuer sans appareils ; dès lors l'intervention du médecin n'est plus indispensable ; elle sera suppléée par la sollicitude de l'instituteur et des parents eux-mêmes.

Afin d'éviter les chances d'accident, le local affecté à la gymnastique sera fermé en dehors du temps consacré aux exercices réglementaires, lesquels devront toujours avoir lieu sous la surveillance du maître ou du moniteur régulièrement autorisé à le suppléer.

Je vous envoie avec cette circulaire, à titre de renseignements, les tableaux que j'ai demandés directement le 18 septembre dernier aux proviseurs, principaux et directeurs d'écoles normales de votre académie. Ces tableaux font connaître :

1° La liste des agrès et appareils employés dans l'établissement;

2° S'il y a un gymnase couvert;

3° Les noms des professeurs ou professeurs adjoints;

4° La qualité du professeur (s'il est titulaire ou adjoint, civil ou militaire);

5° Le traitement du professeur;

6° Le nombre par semaine des leçons données par le maître et des leçons reçues par les élèves;

7° La durée de chaque leçon pour les élèves;

8° Si la leçon de gymnastique est prise sur les récréations;

9° Le nombre des élèves réunis pour la même leçon sous un seul maître;

10° Le nombre des mois pendant lesquels ont lieu les leçons.

J'ai fait indiquer sur chaque tableau, d'après les renseignements que m'a fournis M. le Ministre de la Guerre, s'il y a, dans la localité, une garnison présentant des ressources pour l'enseignement de la gymnastique.

Veuillez, pour chaque établissement, rapprocher des constatations faites dans ces tableaux les instructions contenues dans la présente circulaire et donner tous vos soins à la prompte organisation de la gymnastique dans les lycées, collèges, écoles normales primaires qui n'ont pas encore constitué cet enseignement ou qui ne l'ont établi que dans des conditions imparfaites. Efforcez-vous de le faire pénétrer, avec les précautions et les réserves indiquées plus haut, dans les écoles primaires communales qui pourraient employer un instructeur spécial ou qui auraient un instituteur capable de diriger ses élèves pour cette étude.

Recevez, Monsieur le Recteur, l'assurance de ma considération très distinguée.

Le Ministre de l'Instruction publique,

V. DURUY.

# CIRCULAIRE DU 2 NOVEMBRE 1871

RELATIVE À L'ENSEIGNEMENT DE LA GYMNASTIQUE
DANS LES ÉTABLISSEMENTS SECONDAIRES ET PRIMAIRES.

Monsieur le Recteur, je ne doute pas que, selon mes instructions, vous n'ayez appelé l'attention des chefs d'établissements secondaires et primaires sur les mesures qu'ils auraient à vous proposer pour donner aux exercices gymnastiques la place qui doit leur être désormais réservée dans le double intérêt de la santé et de la moralité de nos élèves. Je suis persuadé que la rentrée dans les lycées, les collèges et les écoles normales primaires ne s'accomplit pas en ce moment sans que le service soit complètement organisé. Je tiens cependant à vous donner des instructions précises pour qu'il reçoive partout une énergique et active impulsion.

Et d'abord il y a nécessité de tenir partout la main à ce que les décrets et règlements qui ont été rendus récemment au sujet de la gymnastique soient observés, notamment le décret du 3 février 1869. Je vous prie, en outre, d'inviter tous les chefs d'établissements à s'y référer et à me présenter, par votre intermédiaire, le tableau exact de la situation de l'enseignement gymnastique dans leurs maisons.

Les lycées, collèges et écoles normales primaires de votre ressort académique sont-ils tous pourvus de gymnase? Ces gymnases sont-ils suffisants, convenablement pourvus des appareils réglementaires? Quelles sont, dans chaque département, les écoles primaires pourvues de gymnase ou dont les enfants soient conduits aux gymnases municipaux? Dans quelles écoles les enfants sont-ils formés aux exercices gymnastiques sans appareils? Il est facile et il convient d'organiser ces derniers exercices partout où l'on trouve des instructeurs capables.

Quels sont les lycées, collèges et écoles normales primaires qui manquent encore de gymnase? J'ai besoin de savoir par suite de quelles circonstances ils en sont privés; si les plans et devis ont été étudiés; quel est, pour chacune de ces maisons, le chiffre de la dépense pour le gymnase et pour le matériel; si des crédits ont été votés par les départements ou par les communes; quelle serait la part de concours que l'on demanderait à l'État.

Mais il ne suffit pas d'avoir des locaux bien organisés, des instruments et des appareils : le succès de l'enseignement tient, évidemment, à l'aptitude et à la capacité du maître. Vous aurez à me signaler, sous ce rapport, Monsieur le Recteur, ceux des maîtres qui vous paraîtraient tout à fait dignes de leur mandat; vous provoquerez les remplacements que réclamerait l'intérêt du service, et vous veillerez partout à ce que nos maisons reçoivent des instructeurs capables. Les règlements prescrivent des épreuves qui doivent être subies. Si des circonstances douloureuses en ont retardé l'exécution, il vous appartient d'organiser la Commission qui doit conférer le brevet de capacité et de ne demander de nomination que pour les maîtres pourvus du brevet, qui auront fait les preuves d'une véritable aptitude professionnelle. Je n'ai pas besoin de vous recommander de me proposer, pour les fonctions de maîtres de gymnastique, des hommes d'une excellente tenue, d'une parfaite moralité, et qu'on puisse en toute confiance charger de l'éducation physique de nos enfants.

J'appelle votre attention sur les facilités que nous a données l'armée et que les régiments en garnison peuvent nous fournir encore pour le choix de sujets éprouvés, capables, formés au cours normal du gymnase militaire de la Faisanderie, à Vincennes. Les sous-officiers et soldats pourvus de brevet, qui sortent de cette école, sont d'excellents instructeurs; nous n'avons eu qu'à nous louer de la direction qu'ils ont donnée à nos élèves pour la gymnastique et les exercices militaires.

Je vous recommande enfin, pour exciter le sentiment d'émulation, d'inviter les chefs d'établissements à instituer des prix qui seront distribués à la fin de l'année scolaire; ces prix seront décernés sur le rapport d'une commission compétente qui aura assisté aux exercices et dont vous vous attacherez à solliciter les visites. L'enseignement et la confiance des familles y trouveront un égal profit.

En attendant que l'école normale primaire, dans chaque département, ait pu préparer des jeunes instituteurs capables de donner des soins éclairés à l'enseignement gymnastique, avec ou sans appareils, vous ferez diligence, Monsieur le Recteur, auprès des administrations départementales et municipales, pour que les enfants des écoles soient conduits aux gymnases publics ou libres. Il importerait que les communes d'une certaine importance fondassent des gymnases que fréquenteraient les élèves des écoles dans un certain rayon. On peut citer quelques gymnases municipaux dirigés par d'excellents maîtres, qui sont de vrais modèles et que l'intelligente sollicitude des maires a mis à la disposition des écoles. Mon administration secondera de tous ses efforts, dans la mesure de ses ressources, les fondations que je demande et que je voudrais voir se généraliser sur tous les points du territoire. Il y a là un intérêt de force, de santé et de moralité pour les jeunes générations, que vous recommanderez partout, en faisant connaître l'organisation des gymnases étrangers et la place qu'ils occupent dans les institutions nationales.

Recevez, etc.

*Le Ministre de l'Instruction publique et des Cultes,*

Jules SIMON.

# EXTRAIT

## DE LA CIRCULAIRE DU 27 SEPTEMBRE 1872.

### GYMNASTIQUE.

**EXERCICES MILITAIRES. — ÉQUITATION. — ESCRIME. — NATATION.**

. . . . . . . . . . . . . . . . . . . . . . . . . . . . . . . . . . . . . . . . . . . . . . . . . . .

#### 2° GYMNASTIQUE.

Mon intention formelle, vous le savez, est que la gymnastique soit enseignée dans tous les établissements et rendue obligatoire pour tous les élèves. Vous voudrez bien me rendre compte des dimensions du préau et de la salle consacrés à cet enseignement, et du nombre d'engins de toutes sortes, trapèzes, haltères, etc., que vous possédez. Je n'attache pas une importance exagérée à ce matériel, et je vous engage même à éviter autant que possible les exercices qui peuvent occasionner des accidents. Le pas gymnastique, la course, les divers mouvements du corps exécutés méthodiquement, l'emploi des haltères suffisent pour développer la force et l'agilité des élèves. Il ne faudrait donc pas me dire, comme on l'a fait dans plusieurs lycées, qu'il est impossible d'exercer tous les élèves, faute d'espace suffisant. A défaut de préau couvert et de gymnase régulièrement construit, les cours de récréation peuvent servir d'école de gymnastique. En cela, comme en beaucoup de choses, tout dépend de l'habileté et du zèle du professeur.

L'école normale de gymnastique de la Faisanderie, établissement relevant du Ministère de la Guerre, a fourni jusqu'ici des maîtres expérimentés. J'ai nommé, en outre, une commission devant laquelle les professeurs de gymnastique peuvent subir un examen à l'effet d'obtenir un brevet spécial. Il y a eu dernièrement, à Paris, un concours qui a donné d'excellents résultats. Le programme de cet examen a été dressé par la Commission, qui a voulu que les épreuves fussent non seulement pratiques, mais encore théoriques ; les aspirants doivent posséder quelques notions médicales et se rendre compte de l'effet de chaque mouvement sur les muscles et les organes du corps. Nous ne tarderons donc pas à avoir de bons maîtres, et en grand nombre, pour toutes les écoles.

Dans certains lycées, on a pris l'habitude, pour ne pas allonger démesurément la distribution des prix, de décerner, la veille et en quelque sorte à huis clos, les prix de gymnastique. J'entends que ces prix soient proclamés avec les autres et qu'on n'omette rien pour les rendre désirables. Je vous saurai gré, Monsieur le Proviseur, de tous les efforts que vous ferez pour donner à cette branche d'enseignement, si longtemps négligée, une importance proportionnée aux services qu'elle est appelée à rendre.

### 3° EXERCICES MILITAIRES, ÉQUITATION, ESCRIME, NATATION.

A la gymnastique se rattachent étroitement les exercices militaires : il faut qu'à dix-huit ans un jeune homme élevé par nous fasse l'exercice avec la précision d'un vétéran.

Nous avons été devancés par la plupart des pays voisins : en Suisse, par les écoles de Cadets ; en Angleterre, par l'usage répandu, dans un grand nombre d'écoles, de consacrer aux exercices militaires une partie notable de la journée. Les familles ne nous pardonneraient point de ne pas mettre leurs enfants à même de profiter des dispositions de l'article 41 de la nouvelle loi militaire.

J'ai pu, grâce au concours de M. le Ministre de la Guerre, fournir des fusils à la plupart de nos lycées. Je recommande, pour la première division, l'achat de tubes Lasserre. On peut en avoir cinquante pour la somme de 75 francs. Ces tubes, adaptés au fusil Chassepot ou au fusil Snider, permettent de s'exercer au tir, dans l'intérieur de l'établissement, sans aucun des inconvénients qu'entraînerait l'usage des balles métalliques. On s'en sert dans les casernes avec grand profit. L'exercice proprement dit, le maniement même du fusil, s'apprennent en fort peu de temps ; mais il faut une longue habitude pour devenir habile tireur. Cet exercice charmera nos jeunes gens ; il est nécessaire qu'ils prennent plaisir à la gymnastique, au tir, à l'équitation; notre plus grand succès sera de leur en donner le goût. Vous penserez, comme moi, que les exercices intellectuels y gagneront, et que rien n'est plus favorable au développement de l'esprit qu'un corps alerte et dispos et des habitudes viriles.

M. le Ministre de la Guerre a bien voulu me permettre de recourir aux officiers de cavalerie, dans les villes de garnison, pour enseigner gratuitement, ou à peu près, l'équitation. La France n'a pas été, jusqu'ici, fort bien partagée sous ce rapport. Quelques paysans, quelques fils de famille savent monter à cheval. Les fils d'ouvriers et de bourgeois, qui forment une partie si considérable de la population, ne sont jamais entrés dans un manège, ce qui rend les accidents fréquents et le recrutement de la cavalerie difficile. L'agriculture même souffrait de cette négligence, et nos jeunes gens y perdaient un genre d'exercice agréable et fortifiant.

Je n'ai rien de particulier à prescrire sur l'escrime et la natation, si propres à fortifier, à assouplir le corps, et qui ne sont pas sans influence sur le caractère. Une place importante leur appartient dans l'éducation physique. Votre rapport du mois d'octobre contiendra des renseignements détaillés sur la manière dont vous entendez ces exercices, et sur le nombre des élèves qui y prennent part.

### 4° PROMENADES.

Les longues promenades, et surtout les promenades topographiques dont je vous parlerai encore tout à l'heure à l'occasion des cours de géographie, sont le complément nécessaire des exercices du corps. La marche, qui est essentiellement hygiénique, peut être associée avec avantage à l'instruction des élèves; on peut, suivant le pays et le climat, faire de l'herborisation, visiter un vieux château, des ruines importantes, un ancien champ de bataille, une collection d'objets d'art, une usine. En tout cas, on peut faire de la topographie, s'habituer ainsi à la lecture et à l'usage des cartes. M. le capitaine Baldy, à Nice, a bien voulu seconder les efforts de mon Administration, en indiquant d'abord aux élèves, sur une carte, le chemin qu'ils allaient suivre, en le parcourant avec eux, la carte à la main, et en leur donnant sur place toutes les explications qui intéressent l'histoire, la science et l'industrie. Vous jugerez s'il ne serait pas utile d'instituer, pour chaque année, trois ou quatre grandes promenades qui dureraient une ou deux heures de plus que les promenades ordinaires, et seraient pour nos enfants une source d'instruction et de plaisir. Ne craignez pas de multiplier les détails à cet égard dans votre rapport. L'éducation physique est encore à créer en France, et je vous supplie de m'y aider. Je lirai moi-même les rapports de tous les proviseurs, et je préférerai cette occupation à toutes les autres, car je vois là un service à rendre aux familles et au pays.

Les éducateurs de la Suisse et de plusieurs autres pays de l'Europe ont, dès longtemps, tiré parti de ce moyen d'instruire les jeunes gens; c'est une pratique qui peut être améliorée encore et plus étroitement liée aux études. Apprenons à nos élèves à beaucoup voir, et à bien voir. Établissons des rapports nouveaux entre le développement du corps et celui de l'esprit, sans les sacrifier imprudemment l'un à l'autre.

## CIRCULAIRE DU 20 MAI 1880

### RELATIVE À L'ORGANISATION DE L'ENSEIGNEMENT GYMNASTIQUE ET DES EXERCICES MILITAIRES DANS LES ÉTABLISSEMENTS PUBLICS D'INSTRUCTION.

Monsieur le Recteur, le décret du 3 février 1869 a rendu l'enseignement de la gymnastique obligatoire dans les lycées et les collèges communaux, dans les écoles normales primaires et dans les écoles primaires qui leur sont annexées. La loi du 27 janvier 1880, tout en sanctionnant cette disposition, a comblé la lacune qu'elle présentait et a étendu le principe de l'obligation à toutes les écoles publiques. L'article 1ᵉʳ est, en effet, ainsi conçu :

« L'enseignement de la gymnastique est obligatoire dans tous les établissements d'instruction publique de garçons, dépendant de l'État, des départements et des communes. »

En votant cette loi à l'unanimité, le Sénat et la Chambre des députés ont affirmé d'une manière éclatante leur sollicitude pour un enseignement que l'on peut considérer comme le complément indispensable des études scolaires et comme un moyen très efficace d'assurer le bon fonctionnement de nos lois militaires. Il appartient au Ministre de l'Instruction publique de favoriser de tout son pouvoir le développement de la gymnastique; je compte, Monsieur le Recteur, sur votre zèle éclairé pour m'aider dans l'accomplissement de cette tâche.

Les exercices gymnastiques et militaires se pratiquent régulièrement dans les établissements secondaires et dans les écoles normales primaires; mais le nombre des écoles primaires pourvues de cet enseignement est encore bien restreint; il reste beaucoup à faire, notamment en ce qui concerne les écoles des communes rurales, et c'est surtout de ce côté que doivent se porter nos efforts.

*Personnel enseignant.* — Aux termes des articles 2 et 10 du décret du 3 février 1869, les maîtres de gymnastique des lycées, collèges et écoles normales sont nommés par le Ministre [1]. Le recrutement de ce personnel me paraît s'être opéré jusqu'ici sans difficulté, les demandes d'emploi ne manquent pas. Je vous recommanderai seulement, Monsieur le Recteur, de choisir avec soin les candidats que vous aurez à me proposer; vous voudrez bien ne pas perdre de vue le double but de la gymnastique, qui est de développer les forces physiques des jeunes gens et de leur donner en même temps des habitudes d'ordre et de discipline. Il importe que le maître de gymnastique ait de l'autorité sur ses élèves, et il n'y arrivera que s'il a une tenue irréprochable, du savoir et de l'expérience, en un mot s'il remplit toutes les conditions exigées de ceux à qui l'instruction de la jeunesse est confiée. Le certificat spécial d'aptitude établi par l'article 11 du décret de 1869 sera nécessaire à l'avenir pour aspirer aux fonctions de maître de gymnastique dans les lycées, collèges communaux et écoles normales primaires.

S'il est facile de trouver dans les villes des instructeurs spéciaux, il n'en est pas de même dans les campagnes; pour les écoles rurales, ce sont les instituteurs qui auront à se charger de l'enseignement; je connais assez leur dévouement pour savoir qu'ils accepteront volontiers ce léger surcroît de travail. Beaucoup d'entre eux ont appris la gymnastique à l'école normale et se trouvent en mesure de l'enseigner; les autres auront besoin de conseils particuliers; l'étude du Manuel dont je vous parlerai plus loin simplifiera leur tâche. J'examinai ultérieurement si, pour arriver à des résultats

---

[1] D'après l'article 65 du décret du 18 janvier 1887, la gymnastique est enseignée dans les écoles normales, soit par des professeurs de l'établissement, pourvus du certificat d'aptitude à l'enseignement de la gymnastique et chargés de cet enseignement, soit par des maîtres spéciaux nommés ou délégués par le Ministre, suivant qu'ils possèdent ou non le certificat.

L'article 82 de l'arrêté du 18 janvier 1887 fixe, à raison de 100 francs par an, pour une heure par semaine, l'indemnité qui sera attribuée aux professeurs ou maîtres spécialement chargés d'enseigner la gymnastique.

plus rapides et plus sûrs, il ne conviendrait pas d'instituer au chef-lieu du département, pendant les vacances, des conférences qui seraient dirigées par un professeur de gymnastique breveté [1].

*Matériel.* — Les crédits inscrits au budget du Ministère me permettent de venir en aide, dans certaines conditions, aux établissements publics et aux communes pour la création de gymnases, lorsqu'ils se trouvent dans l'impossibilité de subvenir aux frais d'acquisition du matériel. Une circulaire du 5 novembre 1872 [2] a déterminé, suivant les diverses catégories d'établissements, le catalogue des objets nécessaires, et un arrêté du 9 avril 1873 a réglé les conditions à observer pour la fourniture des appareils et agrès; l'adjudicataire a consenti un rabais de 21 fr. 25 cent. p. o/o. Les avantages offerts par lui sont donc sérieux; les établissements qui désireront en bénéficier adresseront directement leurs commandes au Ministère, qui se chargera de les transmettre. Les objets ne sont livrés que sur le visa de l'Administration.

*Manuel des exercices gymnastiques et militaires.* — La Commission centrale de gymnastique vient de rédiger un manuel qui sera mis entre les mains de tous les instructeurs [3]. MM. les inspecteurs d'Académie voudront bien me faire connaître le nombre d'exemplaires qui sera nécessaire dans chaque département, et je les leur adresserai en quantité suffisante.

Ce traité est destiné aux écoles primaires et aux classes inférieures des lycées et collèges; les élèves-maîtres des écoles normales devront aussi l'étudier; ils auront plus tard à se conformer à cette méthode pour diriger l'instruction de leurs élèves.

Le Manuel se divise en deux parties :

1° La gymnastique *sans appareils;*

---

[1] Ces conférences avaient été recommandées par la circulaire du 9 mars 1869. (Voir p. 24.) Les circulaires du 21 mars et du 3 juillet 1882 ont prescrit l'institution de cours de gymnastique dans les écoles normales, pour les instituteurs, à l'époque des vacances. (Voir p. 37 et 42.)

[2] Voir p. 56.

[3] Deux manuels, l'un pour les écoles de garçons, l'autre pour les écoles de filles, ont été rédigés par la Commission centrale de gymnastique instituée au Ministère de l'Instruction publique. Une nouvelle édition du Manuel des garçons a été publiée en 1884, sous les auspices des Ministères de l'Instruction publique et de la Guerre. Ces manuels sont actuellement soumis à une revision de la part d'une commission spéciale instituée au Ministère de l'Instruction publique par arrêté du 18 octobre 1887.

2° Les exercices militaires.

Un Manuel de gymnastique *avec appareils* sera publié ultérieurement.

Les instructions que renferme celui que je vous transmets sont très précises et accompagnées de figures; elles sont par conséquent faciles à mettre en pratique; en outre, elles peuvent être appliquées immédiatement, attendu qu'elles ne comportent aucune dépense de matériel.

C'est une erreur de croire que, pour faire de la gymnastique, les appareils sont de toute nécessité; l'expérience nous apprend, au contraire, que, surtout pour les enfants, les exercices élémentaires, tels que les mouvements des bras, des jambes, les marches, les sauts, développent d'une manière très satisfaisante les forces musculaires et suffisent à donner de l'agilité et de la souplesse; les exercices avec appareils sont un complément utile, mais non indispensable.

Je n'ai pas à parler ici des lycées et collèges; à l'école primaire, l'instituteur fera exécuter les exercices dont il s'agit dans les cours ou dans les préaux couverts; si l'école n'est pas pourvue d'un préau assez spacieux, il demandera au maire de faire mettre à sa disposition soit un hangar convenablement abrité, soit un emplacement suffisant pour exercer les élèves en plein air, lorsque le temps ne s'y opposera pas.

L'enseignement de la première partie du Manuel sera divisé en trois périodes, correspondant : au premier trimestre (d'octobre au 1er janvier); au deuxième (de janvier en avril); à la fin de l'année scolaire (d'avril aux vacances).

On exécutera, pendant la première période, les mouvements gymnastiques de pied ferme, tels que flexions, extensions, etc., et quelques marches. Pendant la deuxième période, on commencera les sauts; les exercices des marches seront plus fréquents, et on fera la répétition des exercices du premier trimestre. Enfin, les promenades topographiques, les exercices militaires, le tir et la récapitulation des exercices du premier et du deuxième trimestre auront lieu pendant la troisième période.

*Dispositions générales.* — Les recommandations qui suivent ont, pour la plupart, une grande importance; je les signale à votre attention et je vous prie de tenir la main à ce qu'elles soient observées.

Dans les lycées, collèges et écoles normales primaires, les exercices gymnastiques doivent se faire au moins quatre fois par semaine, à raison d'une demi-heure par séance; dans les écoles primaires, il serait désirable que le nombre des leçons fût également de quatre; vous voudrez bien inviter MM. les inspecteurs d'Académie à saisir les conseils départementaux de la question, lors de leur prochaine réunion, et vous me ferez connaître les résultats des délibérations de ces assemblées; j'en tiendrai compte lorsque j'aurai à soumettre au Conseil supérieur le projet de règlement général des études.

L'enseignement est obligatoire pour tous les élèves; il ne pourra y avoir d'exception que pour ceux qu'une constitution par trop délicate ou des infirmités mettraient dans l'impossibilité d'y prendre part; cette impossibilité devra être constatée par l'autorité médicale.

Pendant les exercices, les élèves seront tenus d'observer le silence; c'est une condition absolue de discipline.

Les leçons de gymnastique ne seront jamais faites immédiatement après les repas; un intervalle d'une heure au moins est nécessaire.

Au commencement de chaque leçon, le maître veillera à ce que les élèves ne soient pas gênés dans leurs vêtements et aient toute l'aisance nécessaire.

Dans les établissements pourvus d'un gymnase, il devra vérifier avec le plus grand soin, au moins une fois par mois, l'état du matériel.

A chaque séance, le maître coupera par leçon les mouvements de la tête, des bras et des jambes, de telle sorte que les élèves fassent des exercices variés.

Les attitudes du corps ne seront jamais de longue durée; elles deviendraient fatigantes, et il importe au plus haut point d'éviter la lassitude et la monotonie.

La première partie de la leçon sera consacrée à répéter la leçon précédente; l'instituteur adjoint, ou, à son défaut, un moniteur élève, y sera exercé par le maître chargé de l'enseignement.

Une fois par semaine, on fera exécuter les exercices élémentaires de natation, de manière à rendre par une longue pratique ces mouvements tellement naturels aux enfants qu'ils les conduisent à nager presque seuls, lorsque l'application en sera faite dans la saison des bains.

En été, les exercices se feront à l'ombre; pendant les fortes chaleurs, les marches et les promenades auront lieu soit avant 10 heures du matin, soit après 3 heures du soir. En hiver, on s'abstiendra d'exécuter la course cadencée, lorsque la température sera inférieure à 5 degrés au-dessus de zéro; par la gelée, les sauts seront rigoureusement interdits.

En général, c'est en plein air que la gymnastique produit les meilleurs effets, mais pendant l'hiver, ou pendant la saison des pluies, ou bien lorsque le soleil est trop ardent, les exercices doivent avoir lieu à l'intérieur.

Le sol sur lequel les élèves manœuvreront sera suffisamment aplani, pour prévenir tout accident. Les sauts seront exécutés au point de chute sur un espace rectangulaire préparé à l'avance, soit avec du sable, soit avec de la sciure de bois; à défaut de l'un ou de l'autre, on pourra remuer la terre à une profondeur de 40 centimètres, en renouvelant fréquemment cette opération.

Les exercices de l'école du soldat prescrits par la deuxième partie du Manuel sont faciles à apprendre; on doit y attacher d'autant plus d'importance qu'ils préparent directement les jeunes gens au service militaire.

Il en est de même des promenades qui ont pour objet de leur faire contracter l'habitude de la marche et dont on peut profiter pour leur donner des notions de topographie fort utiles.

L'enseignement du tir présente également un grand intérêt. L'Administration n'a pas encore adopté l'arme qui devra être employée; j'espère être en mesure de vous faire connaître prochainement les résolutions qui auront été prises à ce sujet.

Je vous prie, Monsieur le Recteur, de communiquer la présente circulaire à MM. les inspecteurs d'Académie, les chefs d'établissements et inspecteurs primaires de votre ressort, et de lui donner toute la publicité désirable; vous voudrez bien m'en accuser réception et m'informer des mesures que vous comptez prendre pour en assurer la prompte exécution.

Recevez, Monsieur le Recteur, l'assurance de ma considération très distinguée.

*Le Ministre de l'Instruction publique et des Beaux-Arts,*

Jules FERRY.

# CIRCULAIRE DU 21 MARS 1882

RELATIVE À L'ENSEIGNEMENT DE LA GYMNASTIQUE ET DES EXERCICES MILITAIRES.

Monsieur le Préfet, la loi du 27 janvier 1880, qui a rendu obligatoire l'enseignement de la gymnastique dans toutes les écoles publiques de garçons, accordait au Ministre de l'Instruction publique un délai de deux ans pour préparer l'organisation de l'enseignement nouveau.

Ce délai est expiré, et il a été rempli par les travaux indispensables pour assurer l'exécution de la loi, en particulier pour ce qui concerne les écoles primaires dont j'ai à vous entretenir.

Une commission spéciale, établie depuis de longues années auprès du Ministère de l'Instruction publique, et qui comptait dans son sein quelques-uns des principaux promoteurs de la loi nouvelle au Parlement, a été chargée de la rédaction d'un manuel destiné à rendre possible et même facile l'enseignement de la gymnastique et des exercices militaires à tous les instituteurs de bonne volonté; un autre recueil a été de la même façon et avec le même soin préparé spécialement en vue de l'enseignement des filles; ces deux manuels ont été distribués par les soins de mon Administration dans toutes les écoles communales. Avec le livre, j'ai pu faire don à toutes les communes qui en ont fait la demande d'une collection des appareils et agrès destinés à l'installation d'un gymnase scolaire.

En même temps, et après avoir pris connaissance des propositions de la Commission, le Conseil supérieur de l'Instruction publique a fixé les programmes de l'enseignement de la gymnastique dans les écoles normales des deux sexes et pris des mesures qui semblent devoir être efficaces pour que désormais pas un instituteur, pas une institutrice ne sorte de ces établissements sans être en état de donner par eux-mêmes et de surveiller cet enseignement dans les écoles où ils seront envoyés; il faut d'ailleurs ajouter que, depuis 1879, il a décerné après examen plus de six cents diplômes de professeurs de gymnastique.

Enfin, grâce à une nouvelle libéralité du Parlement, nous avons pu mettre à la disposition non seulement des écoles normales d'instituteurs, mais même des plus modestes écoles primaires de garçons, un certain nombre de fusils destinés à l'exercice du tir, exercice dont on attend avec tant de raison d'importants résultats pour préparer dans l'enfant le futur soldat.

La Commission d'éducation militaire instituée par mon prédécesseur va très prochainement, je l'espère, fournir à mon Administration un manuel ou un règlement technique qui de toutes parts nous est demandé pour servir de guide dans cet enseignement du tir.

Toutes ces mesures prises et tous ces moyens matériels mis à la disposition des maîtres, il nous reste à examiner quelles ressources présente le personnel enseignant lui-même et quelles recrues il faudra chercher en dehors de ses rangs pour rendre effectif et général dans nos écoles l'enseignement gymnastique et militaire.

La loi du 27 janvier m'oblige à soumettre aux Chambres, tous les ans, comme annexe du budget, un rapport sur les résultats obtenus et les progrès accomplis dans l'application de la loi.

Je me dispose à joindre ce document au projet du budget de 1883. Le premier renseignement qui devra y figurer est précisément le relevé très exact des écoles et des classes où, dès à présent, l'enseignement est organisé, l'indication du nombre des maîtres qui le donnent convenablement et de ceux qui pourraient le donner à bref délai. Vous trouverez ci-inclus un exemplaire des imprimés que j'adresse par le même courrier à M. l'Inspecteur d'Académie, avec prière de les faire remplir par les soins de MM. les inspecteurs primaires.

Mais je ne saurais me borner à constater les faits; quelques chiffres que nous apporte cette statistique, je sais d'avance qu'ils resteront fort au-dessous des résultats que la loi nous impose l'obligation d'atteindre dans un temps aussi court que possible; je suis fermement résolu à ne rien négliger pour que cette loi ne reste ni à l'état de lettre morte, ni à l'état d'idéal flottant et lointain.

J'estime que nous sommes sortis et de la période des discussions de principes et de celle des consultations pédagogiques; le moment est venu d'agir avec toute la suite, avec toute l'autorité qui appartient à l'Administration supérieure, quand elle a en main, d'une part, une loi formelle, et de l'autre, tous les moyens d'en assurer l'exécution.

Mon collègue M. le Ministre de la Guerre s'est empressé de m'offrir l'appui de son autorité et le concours de ses subordonnés pour combler rapidement les lacunes de notre organisation actuelle. Parmi les mesures que nous avons arrêtées de concert, il en est plusieurs pour lesquelles nous vous demanderons, mon collègue et moi, votre énergique coopération.

Ainsi je ferai faire dès cette année, à l'époque des vacances, dans toutes les écoles normales, des cours spéciaux à l'usage des instituteurs en exercice non encore familiarisés avec l'enseignement de la gymnastique et capables de s'y former.

M. l'Inspecteur d'Académie vous désignera en une ou plusieurs séries les maîtres qui paraîtront le mieux en état de profiter de ce complément d'instruction; il les prendra de préférence parmi ceux qui, ayant déjà étudié le Manuel, ont surtout besoin d'acquérir l'habitude pratique et technique du commandement des manœuvres, des exercices essentiels; quelques séances leur suffiront pour se mettre au courant d'une foule de détails qui aujourd'hui les embarrassent et qui les arrêteraient peut-être indéfiniment; l'exemple d'un maître exercé, d'un professeur de gymnastique ou d'un bon instructeur militaire leur donnera plus de confiance, d'adresse et d'aplomb que ne peut faire la simple lecture d'un manuel.

D'un autre côté, pour récompenser les efforts individuels, je mets à votre disposition sur le crédit de cette année une somme de       pour être distribuée à titre de prime d'encouragement aux instituteurs des communes rurales qui auront organisé avec le plus de succès l'enseignement gymnastique et militaire dans leur école.

Enfin, je ne veux pas négliger de stimuler les élèves eux-mêmes et d'intéresser leurs familles à cet enseignement, et j'ai décidé que tout canton dans lequel les écoles publiques de garçons auront donné un enseignement régulier de la gymnastique, des exercices militaires et du tir, recevra, à l'occasion de la fête nationale du 14 juillet, un drapeau donné à titre de récompense par le Ministre de l'Instruction publique.

Ce drapeau des écoles sera confié chaque année à celle des écoles publiques du canton qui, dans son ensemble, aura obtenu les meilleures notes soit pour les exercices faits à l'école, soit dans les concours cantonaux de gymnastique, de marches militaires et de tir qui seront ultérieurement organisés. Je m'occupe en ce moment même de régler avec M. le Ministre de la Guerre les conditions à observer pour que l'appréciation des résultats, le jugement des concours et aussi l'examen des maîtres et l'inspection des exercices dans l'école puissent se faire jusque dans les plus humbles communes avec les plus grandes garanties d'exactitude et d'équité, sous la direction de MM. les inspecteurs d'Académie et avec l'indispensable concours de l'autorité militaire.

Je ne doute pas, Monsieur le Préfet, de l'intérêt que vous inspirera cette organisation d'une partie si importante de notre éducation nationale; je compte sur votre concours le plus actif pour triompher des obstacles. L'accueil que vous ferez vous-même à ces divers projets, le soin que vous apporterez soit à les étudier, soit à les faire exécuter, suffira pour faire cesser les hésitations et pour susciter des efforts qui ne seront pas vains.

Vous voudrez bien, après avoir pris connaissance des états que va faire dresser M. l'Inspecteur d'Académie, m'adresser vos observations sur la situation et les besoins du département en ce qui concerne l'enseignement gymnastique et militaire, et me signaler les mesures particulières qui vous paraîtraient pouvoir lui être appliquées.

Recevez, Monsieur le Préfet, l'assurance de ma considération très distinguée.

*Le Ministre de l'Instruction publique et des Beaux-Arts,*

JULES FERRY.

---

# CIRCULAIRE DU 21 MARS 1882

### PRESCRIVANT UNE ENQUÊTE SUR L'ENSEIGNEMENT GYMNASTIQUE ET MILITAIRE DANS LES ÉCOLES NORMALES.

---

Monsieur le Recteur, j'ai l'honneur de vous communiquer une circulaire que je viens d'adresser à MM. les préfets au sujet des mesures qu'exige l'organisation de l'enseignement gymnastique et militaire dans les écoles communales de garçons.

Cette question, d'un si haut intérêt national, ne peut être résolue que par l'action commune et simultanée de l'autorité préfectorale et de l'autorité universitaire. C'est à vous, en effet, Monsieur le Recteur, qu'appartient aujourd'hui le gouvernement direct des écoles normales et c'est, à vrai dire, de la valeur de ces établissements que dépend celle de tout l'enseignement primaire. Je sais que je n'ai pas besoin de recommander à votre sollicitude l'enseignement rendu obligatoire par la loi du 27 janvier 1880, mais je vous rappellerai qu'aux termes de l'article 3 de cette loi, je dois présenter aux Chambres un compte rendu annuel des progrès accomplis. Nous profiterons de cette circonstance pour faire au moins cette année une enquête sérieuse et approfondie sur l'état de l'enseignement gymnastique et militaire dans nos écoles normales aussi bien que dans les écoles primaires. Vous trouverez ci-inclus tous les imprimés nécessaires pour dresser rapidement un relevé complet de la situation, au point de vue du personnel enseignant, de l'organisation et des résultats de l'enseignement. Je vous prie de vouloir bien transmettre immédiatement ces cadres à MM. les inspecteurs d'Académie et y joindre les instructions dont ils pourront avoir besoin. MM. les préfets centraliseront les renseignements relatifs aux écoles communales et me les transmettront avec un rapport sur chaque département. Pour vous, Monsieur le Recteur, vous voudrez bien réunir les éléments d'un rapport d'ensemble sur les écoles normales de votre académie et me les transmettre, avec les documents statistiques ci-inclus, avant le 1er mai prochain.

Recevez, Monsieur le Recteur, l'assurance de ma considération très distinguée.

*Le Ministre de l'Instruction publique et des Beaux-Arts,*
Jules FERRY.

# CIRCULAIRE DU 3 JUILLET 1882

### RELATIVE À DES COURS SPÉCIAUX DE GYMNASTIQUE
### POUR LES INSTITUTEURS.

Monsieur le Préfet, je vous ai informé, par ma circulaire du 21 mars dernier, que j'avais l'intention de faire faire, dès cette année, à l'époque des vacances, dans toutes les écoles normales, des cours spéciaux à l'usage des instituteurs en exercice non encore familiarisés avec l'enseignement de la gymnastique et capables de s'y livrer.

Il importe, Monsieur le Préfet, que vous preniez dès à présent les mesures nécessaires pour organiser ces réunions et en assurer le succès.

Vous voudrez bien, après vous être reporté aux prescriptions de la circulaire précitée, vous entendre avec M. l'Inspecteur d'Académie pour toutes les questions qu'il est utile de régler à l'avance. Vous devrez vous assurer le concours du professeur de gymnastique de l'école normale, grouper en séries les instituteurs dont l'instruction gymnastique et militaire a besoin d'être complétée et peut l'être avec succès, et prévenir en temps utile les instituteurs intéressés de la date de la convocation et de la durée de leur séjour à l'école normale.

Les maîtres seront nourris et logés dans l'établissement. Une indemnité destinée à couvrir leurs frais de voyage leur sera allouée. Le professeur recevra une indemnité que vous aurez à fixer.

Le montant des dépenses occasionnées par ces réunions devra être avancé par l'économe de l'école normale, auquel elles seront ultérieurement remboursées sur la production de mémoires justificatifs visés par M. l'Inspecteur d'Académie.

Il me paraît difficile que l'étude de la gymnastique et des exercices militaires occupe tout le temps que les maîtres passeront à l'école normale. Il pourrait être utile de profiter de leur présence dans l'établissement pour leur faire quelques conférences pédagogiques. Veuillez inviter M. l'Inspecteur d'Académie à examiner les questions sur lesquelles il lui paraîtrait utile d'appeler plus particulièrement l'attention des instituteurs pendant les prochaines vacances.

Je vous prie, Monsieur le Préfet, de m'accuser réception de la présente circulaire en me faisant connaître, dans le délai d'un mois, les mesures que vous aurez prises.

Recevez, Monsieur le Préfet, l'assurance de ma considération très distinguée.

*Le Ministre de l'Instruction publique et des Beaux-Arts,*

Jules FERRY.

# IV

# PROGRAMMES.

# I

## ÉCOLES MATERNELLES ET CLASSES ENFANTINES [1].

### (De 5 à 7 ans.)

---

### PROGRAMME DE L'ENSEIGNEMENT DE LA GYMNASTIQUE.

Jeux, rondes, évolutions, mouvements rythmés, petits jeux
de M<sup>me</sup> Pape-Carpantier. — Exercices gradués.

---

[1] La Commission de 1868 avait exprimé, sur la question de la gymnastique du jeune âge, l'opinion suivante :

« Pour les écoles primaires qui reçoivent beaucoup d'enfants de six, sept et huit ans, la Commission a pensé qu'il n'était ni utile ni profitable de faire commencer la gymnastique avant huit et neuf ans, mais encore qu'il importait au plus haut point d'enseigner les mouvements élémentaires les plus simples. A cet âge, les mouvements réglés et disciplinés présentent peu d'attraits ; ils peuvent être très fatigants et même nuisibles s'ils ne sont pas parfaitement proportionnés à la force et à la constitution des enfants qui n'en comprennent pas l'utilité et, partant, s'en dégoûtent facilement. L'enfance a besoin de la liberté de ses mouvements ; l'exercice et les jeux qu'elle improvise conviennent mieux à la mobilité de son caractère et à ses aptitudes physiques. Cependant, afin d'habituer peu à peu les petits enfants à se réunir pour des exercices en commun et des mouvements d'ensemble, nous avons pensé, Monsieur le Ministre, que les instituteurs devraient être invités à leur faire exécuter *les petits jeux gymnastiques de M<sup>me</sup> Pape-Carpantier,* qui sont adoptés par les salles d'asile. Ces petits exercices, mêlés de chants qui instruisent l'enfance et l'amusent beaucoup, ont l'avantage de l'initier à une foule de pratiques des divers métiers. » (Rapport de M. le D<sup>r</sup> Hillairet.)

# II

## ÉCOLES PRIMAIRES ÉLÉMENTAIRES
## DE GARÇONS ET DE FILLES [1].

### PROGRAMME DE L'ENSEIGNEMENT DE LA GYMNASTIQUE [2].

#### COURS ÉLÉMENTAIRE.

(De 7 à 9 ans.)

Exercices préparatoires. — Mouvements et flexions des bras et des jambes. — Exercice des haltères et de la barre. — Course cadencée. — Évolutions.

#### COURS MOYEN.

(De 9 à 11 ans.)

Suite des exercices de flexion et d'extension des bras et des jambes. — Exercices avec haltères. — Exercices de la barre, des anneaux, de l'échelle, de la corde à nœuds, des barres à suspension, des barres parallèles fixes, de la poutre horizontale, des perches, du trapèze. — Évolutions.

#### COURS SUPÉRIEUR.

(De 11 à 13 ans.)

Suite des mêmes exercices. — Exercices d'équilibre sur un pied. — Mouvements des bras, combinés avec la marche. — Exercices à deux avec la barre. — Courses. — Sauts; exercice de la canne (pour les garçons).

---

[1] Aux termes de l'article 8 de l'arrêté du 27 juillet 1882, réglant l'organisation pédagogique des écoles primaires, « la gymnastique, outre les évolutions et les exercices sur place qui peuvent accompagner les mouvements de classe, occupera tous les jours, ou au moins tous les deux jours, une séance dans le courant de l'après-midi ».

[2] On suivra, pour les exercices gymnastiques, les manuels distincts pour les garçons et pour les filles, publiés par le Ministère. (Règlement d'organisation pédagogique des écoles publiques.)

# III

## ÉCOLES PRIMAIRES SUPÉRIEURES
## ET COURS COMPLÉMENTAIRES DE GARÇONS ET DE FILLES.

### PROGRAMME DE L'ENSEIGNEMENT DE LA GYMNASTIQUE.

*Cours complémentaires.* — Continuation des exercices du cours supérieur des écoles primaires.

Suivre les manuels spéciaux pour chaque sexe, publiés par le Ministère.

*Écoles primaires supérieures.* — Mouvements d'ensemble. — Exercices avec appareils. Deuxième partie des manuels publiés par le Ministère.

# IV

## ÉCOLES NORMALES D'INSTITUTEURS [1].

———

### PROGRAMME DE L'ENSEIGNEMENT DE LA GYMNASTIQUE [2].

| | |
|---|---|
| *1re année*..................... | *3 heures par semaine* [3]. |
| *2e année*..................... | *3 heures par semaine.* |
| *3e année*..................... | *3 heures par semaine.* |

———

## PREMIÈRE ANNÉE.

### GYMNASTIQUE SANS APPAREILS.

Station régulière du corps. — Alignements. — Mouvements de la tête,

———

[1] *L'instruction sur l'application des programmes d'enseignement dans les écoles normales* contient, au sujet de la gymnastique, le passage suivant :

*Gymnastique.* — La gymnastique est un enseignement obligatoire à l'école primaire. Cet enseignement se donne déjà dans un grand nombre d'écoles de garçons et dans toutes les écoles normales d'instituteurs; mais il y est encore mal réglé et on ne lui a pas consacré jusqu'ici tout le temps nécessaire. D'autre part, il n'existe qu'à titre d'exception dans les écoles de filles, et cela parce qu'il n'est pas pratiqué dans les écoles normales d'institutrices. On a longtemps prétendu que la gymnastique était inutile pour les garçons, et l'on prétend encore qu'elle est inutile et peu séante pour les filles. Le premier de ces préjugés a disparu; le second disparaîtra de même. Le corps a des droits qu'on ne méconnaît pas impunément : le Conseil supérieur y a pourvu en faisant au repos une part suffisante, et une large part aux exercices corporels. Il a recommandé les promenades, les herborisations, les excursions pratiques, les travaux agricoles pour les élèves-maîtres, les travaux de jardinage pour les élèves-maîtresses; il a fait un programme détaillé de gymnastique et d'exercices militaires pour les premiers; enfin, il a introduit la gymnastique dans les écoles normales d'institutrices. Il est inutile d'ajouter (car le programme luimême le dit) que cet enseignement doit être donné avec mesure dans les établissements de cette seconde catégorie, et seulement autant qu'il est utile pour assouplir méthodiquement les membres, développer les organes, procurer une fatigue physique qui repose de la fatigue intellectuelle, et combattre l'influence souvent pernicieuse de la vie de rêverie ou des habitudes de nonchalance. Le médecin de l'école sera d'ailleurs toujours consulté sur la durée des exercices, comme sur toutes les dispenses qu'il sera nécessaire d'accorder, et son avis sera ponctuellement suivi.

[2] Des exercices militaires ont lieu en outre dans les écoles normales d'instituteurs.

[3] Ces heures comprennent le temps qui, dans chacune des années, doit être consacré aux exercices militaires.

du tronc, des bras, des jambes. — Mouvements combinés. — Courses au
pas gymnastique. — Sauts. — Équilibres. — Natation.

## DEUXIÈME ANNÉE.

### GYMNASTIQUE.

Exercices élémentaires avec instruments. — Haltères. — Bâton. —
Mils ou massues. — Sauts à la perche.

### EXERCICES AUX AGRÈS.

Perche fixe. — Échelle de corde. — Corde à nœuds. — Corde lisse
simple et double. — Échelle de bois horizontale, inclinée, verticale et
orthopédique. — Poutre horizontale ou inclinée. — Barres à suspension.
— Barres parallèles. — Anneaux. — Trapèze.

## TROISIÈME ANNÉE.

### GYMNASTIQUE.

Exercices ci-dessus énumérés. — Appareils fixes de traction.

N. B. Pour préparer les élèves-maîtres à l'examen du certificat spécial d'aptitude à l'enseignement de la gymnastique, qui comprend des épreuves orales sur
l'anatomie et l'hygiène, il pourra être organisé dans les écoles normales primaires,
avec l'approbation du recteur, un cours spécial fait soit par le professeur de sciences
naturelles, soit par le médecin de l'école.

# V

## ÉCOLES NORMALES D'INSTITUTRICES.

### PROGRAMME DE L'ENSEIGNEMENT DE LA GYMNASTIQUE.

*1<sup>re</sup> année* . . . . . . . . . . . . . . . . . . . . . *2 heures par semaine* [1].
*2<sup>e</sup> année* . . . . . . . . . . . . . . . . . . . . *2 heures par semaine.*
*3<sup>e</sup> année* . . . . . . . . . . . . . . . . . . . . *2 heures par semaine.*

---

## PREMIÈRE ANNÉE.

### GYMNASTIQUE SANS APPAREILS.

---

#### ATTITUDES SCOLAIRES.

Formation de la section de marche.
Station régulière du corps.
Mouvements de la tête, du tronc, des bras, des jambes.
Course au pas gymnastique.
Sauts. — Équilibre.

---

## DEUXIÈME ANNÉE.

Mêmes exercices qu'en première année.
Exercices aux agrès : échelle de cordes. — Échelle de bois horizontale, inclinée, orthopédique.
Barres parallèles.

---

## TROISIÈME ANNÉE.

Mêmes exercices qu'en deuxième année.

---

[1] Les leçons de gymnastique sont données pendant les récréations. Chaque leçon dure une demi-heure au plus.

# V

# MATÉRIEL POUR L'ENSEIGNEMENT

## DE LA GYMNASTIQUE.

# CIRCULAIRE DU 9 MARS 1869

SUR L'INSTALLATION DANS LES ÉCOLES NORMALES PRIMAIRES
ET DANS LES ÉCOLES PRIMAIRES DU MATÉRIEL NÉCESSAIRE
POUR L'ENSEIGNEMENT DE LA GYMNASTIQUE [1].

Monsieur le Préfet, j'ai l'honneur de vous communiquer les instructions que j'adresse à MM. les recteurs pour l'enseignement de la gymnastique dans les établissements publics d'instruction.

Les écoles normales primaires sont entretenues par les fonds départementaux. L'installation complète de l'enseignement de la gymnastique dans ces écoles a une grande importance. Dans beaucoup d'entre elles le matériel est encore imparfait ou insuffisant. J'espère que vous voudrez bien insister auprès du conseil général, dans sa prochaine session, pour obtenir le crédit qu'il pourrait être nécessaire d'affecter à cette destination. J'invite M. le Recteur de l'Académie à se concerter avec vous au sujet de cette dépense.

Vous remarquerez la part faite, par le décret du 3 février 1869, à l'enseignement de la gymnastique dans les écoles primaires. C'est à vous surtout qu'il appartient de rendre possible l'introduction de cet enseignement dans les communes, où il est opportun de l'établir d'une manière complète avec les appareils et agrès que comporte l'application du programme. D'abord j'ai à vous demander de faire connaître aux maires, au moyen de votre recueil administratif, sinon ma circulaire aux recteurs *in extenso*, au moins les dispositions applicables aux écoles primaires communales. Je ne doute pas que les recommandations que vous voudrez bien joindre à ces extraits n'aient pour résultat de bien faire comprendre aux administrations

---

[1] Dans la circulaire de même date, adressée aux recteurs, le Ministre annonçait (voir p. 21) qu'il allait faire procéder à une adjudication pour la fourniture aux communes des appareils et agrès destinés aux gymnases des écoles publiques. En exécution de ces dispositions, des adjudications ont eu lieu successivement le 20 avril 1869, le 9 avril 1873 et le 30 avril 1883. On trouvera plus loin (p. 63) les conditions de cette dernière adjudication, ainsi que la liste des agrès et appareils qui en ont fait l'objet.

municipales l'utilité que peuvent présenter, surtout pour les populations placées dans de certaines conditions, des exercices gymnastiques réguliers et conduits avec méthode. L'exemple des villes qui prendront l'initiative ne peut manquer d'agir sur d'autres communes. L'article 6 du décret du 3 février 1869 porte que des secours pourront être accordés sur les fonds de l'État aux communes qui feront établir des appareils de gymnastique pour leurs écoles.

Je vous prie également de donner connaissance au conseil général des mesures que vous aurez prises pour propager la gymnastique dans les écoles primaires et de lui proposer de s'y associer par le vote d'un fonds spécial destiné à encourager les sacrifices des communes.

Je serais très heureux, Monsieur le Préfet, d'être tenu au courant des résultats qui se produiront dans votre département.

Recevez, Monsieur le Préfet, l'assurance de ma considération très distinguée.

*Le Ministre de l'Instruction publique,*
**V. DURUY.**

# CIRCULAIRE DU 5 NOVEMBRE 1872.

CATALOGUE DES OBJETS NÉCESSAIRES

À L'ENSEIGNEMENT DE LA GYMNASTIQUE DANS LES ÉTABLISSEMENTS

D'ENSEIGNEMENT PRIMAIRE.

Monsieur le Préfet, j'ai l'honneur de vous transmettre le catalogue des objets reconnus nécessaires pour l'enseignement de la gymnastique :

1° Dans les écoles normales ;

2° Dans les écoles de chefs-lieux de préfecture, de sous-préfecture ou de canton, ainsi que dans les écoles des communes d'une certaine importance ;

3° Enfin dans les écoles des communes rurales.

Les administrations départementales et municipales trouveront, dans ces catalogues, des renseignements sur les prix des objets. Ces renseignements leur permettront d'apprécier la dépense à laquelle elles auraient à pourvoir.

Je suis disposé à venir en aide aux départements et aux communes; mais les ressources dont je dispose étant limitées, j'ai besoin de savoir, avant tout examen des demandes, ce qui existe et ce qui fait défaut dans les gymnases actuellement en exercice. Vous voudrez donc bien me faire parvenir un état présentant, pour chaque école normale et pour chaque commune, des renseignements précis d'après les données qui devront vous être fournies par les directeurs d'écoles normales et par les maires.

J'examinerai alors dans quelle mesure, eu égard aux sacrifices faits par les départements et les communes, il me sera possible de les admettre au bénéfice des crédits spéciaux portés au budget de l'année 1872.

Il ne vous échappera pas que, pour les écoles rurales, l'enseignement de la gymnastique, devant rester très élémentaire, peut consister presque uniquement dans les mouvements de marche et dans les exercices sans appareils. Il suffira donc de l'acquisition de quelques haltères. Outre que, dans ces conditions, l'enseignement de la gymnastique ne créera aux petites communes aucune charge nouvelle, il offrira aux familles tous les avantages d'un exercice éminemment utile et sans danger.

Il y aura lieu d'examiner également si, dans les localités importantes, un seul gymnase ne pourrait satisfaire aux besoins de plusieurs écoles. Les élèves ayant la facilité de venir, à tour de rôle, y recevoir l'enseignement, soit le jeudi, soit les autres jours de la semaine, dans l'intervalle des heures de classe, il suffirait d'une mesure de règlement pour déterminer les jours et heures qui seraient assignés à chaque école.

Je vous prie de tenir compte de ces deux observations dans votre tableau de propositions.

Recevez, Monsieur le Préfet, etc.

Le Ministre de l'Instruction publique,<br>
des Cultes et des Beaux-Arts,<br>
Jules SIMON.

DEVIS ESTIMATIFS ANNEXÉS À LA CIRCULAIRE DU 5 NOVEMBRE 1872 [1].

## I

INSTALLATION D'UN GYMNASE DANS UNE ÉCOLE NORMALE [2].

Portique en chêne avec tous les accessoires . . . . . . . . . . . . . . . 240ᶠ 00ᶜ

AGRÈS FIXÉS AU PORTIQUE.

| | | |
|---|---:|---:|
| * Une corde à consoles, attachée à l'un des crochets du portique. | 10 | 00 |
| Une échelle de cordes en quatre torons, de 3ᵐ,70 de hauteur.. | 12 | 00 |
| Une paire d'anneaux avec cordes de 2ᵐ,20 de longueur . . . . . . | 10 | 00 |
| Deux perches oscillantes, à 6 francs l'une . . . . . . . . . . . . . . . | 12 | 00 |
| Un trapèze à base ferrée avec cordes de 2ᵐ,20 de longueur. . . | 10 | 00 |
| Une échelle de bois. . . . . . . . . . . . . . . . . . . . . . . . . . . | 22 | 00 |
| Barres parallèles de grande dimension . . . . . . . . . . . . . . . . . | 42 | 00 |
| Crochets pour fixer les agrès au portique, la pièce. . . . . . . . . . | 1 | 00 |
| Chevalet de natation, en bois de frêne. . . . . . . . . . . . . . . . . | 6 | 25 |
| Une corde à nœuds, dite *septin*, de 3ᵐ,70 de longueur. . . . . . . | 10 | 00 |
| Deux cordes lisses de 3ᵐ,70 de longueur, à 6 francs l'une. . . . . | 12 | 00 |
| Une échelle orthopédique. . . . . . . . . . . . . . . . . . . . . . . . | 22 | 00 |
| Barres à sphères (une douzaine). . . . . . . . . . . . . . . . . . . . . | 12 | 00 |
| Vingt-quatre haltères de 3 et 4 kilogrammes . . . . . . . . . . . . . | 43 | 00 |
| * Vindas en chêne avec boulon et peinture, tous les accessoires compris. . . . . . . . . . . . . . . . . . . . . . . . . . . . . . . . . . . . | 130 | 00 |
| Six perches à sauter de 2ᵐ,35 de hauteur, à 2 fr. 25 cent. l'une. . . . . . . . . . . . . . . . . . . . . . . . . . . . . . . . . . . . . | 13 | 50 |
| Mils ou massues (12 paires). . . . . . . . . . . . . . . . . . . . . . . | 50 | 00 |
| Cordeau à sauter avec sacs . . . . . . . . . . . . . . . . . . . . . . . | 5 | 25 |
| Barre à suspension de 6 mètres de longueur, en fer de 35 centimètres de diamètre, potence en fer, ascellement et banc en bois de chêne de 30 centimètres de largeur. . . . . . . . . . . . . | 100 | 00 |
| * Plate-forme à rétablissement. . . . . . . . . . . . . . . . . . . . . . | 80 | 00 |
| TOTAL . . . . . . . . . . . . . | 843 | 00 |

---

[1] Quelques-uns des prix indiqués dans ces devis ont été modifiés par l'adjudication du 30 avril 1883. (Voir p. 63.) Les objets marqués d'un astérisque n'ont pas été compris dans cette adjudication.

[2] Ce devis s'applique aux écoles normales d'instituteurs. Le matériel de gymnastique attribué actuellement aux écoles normales d'instituteurs se compose ordinairement des appareils suivants : *échelle à gorge et échelle orthopédique, barres à sphères, barres parallèles, haltères, mils, sautoir.*

## II

### INSTALLATION D'UN GYMNASE DANS UNE ÉCOLE PRIMAIRE DE CHEF-LIEU DE DÉPARTEMENT, D'ARRONDISSEMENT OU DE CANTON.

Portique en chêne.............................. 140$^f$ 00$^c$

#### AGRÈS FIXÉS AU PORTIQUE.

| | | |
|---|---:|---:|
| Gros mât pour le portique, avec ferrure.................. | 9 | 00 |
| Une corde à consoles, attachée à l'un des crochets du portique. | 10 | 00 |
| Une échelle de cordes en quatre torons, de 3$^m$,70 de hauteur. | 12 | 00 |
| Une paire d'anneaux avec cordes de 2$^m$,20 de longueur...... | 10 | 00 |
| Un trapèze à base ferrée avec cordes de 2$^m$,20 de longueur... | 10 | 00 |
| Une échelle de bois n° 7............................... | 22 | 00 |
| Barres parallèles................................... | 30 | 00 |
| Crochets pour fixer les agrès au portique, la pièce.......... | 1 | 55 |
| Une corde à nœuds, dite *septin*, de 3$^m$,70 de longueur....... | 10 | 00 |
| Une corde lisse de 3$^m$,70 de longueur................... | 6 | 00 |
| Une échelle orthopédique............................. | 25 | 00 |
| Cannes devant servir de barres à sphères pour les exercices élémentaires (une douzaine)............................ | 6 | 00 |
| Une douzaine d'haltères de 1 kilogramme................. | 6 | 00 |
| Une douzaine d'haltères de 2 kilogrammes................ | 12 | 00 |
| TOTAL.............. | 309 | 55 |

## III

### INSTALLATION D'UN GYMNASE DANS UNE ÉCOLE PRIMAIRE DE COMMUNE RURALE.

Portique en chêne.............................. 140$^f$ 00$^c$

#### AGRÈS FIXÉS AU PORTIQUE.

| | | |
|---|---:|---:|
| Une corde à consoles, attachée à l'un des crochets du portique. | 10 | 00 |
| Une échelle de cordes en quatre torons, de 3$^m$,70 de hauteur. | 12 | 00 |
| Une paire d'anneaux avec cordes de 2$^m$,20 de longueur...... | 10 | 00 |
| Un trapèze à base ferrée avec cordes de 2$^m$,20 de longueur.... | 10 | 00 |
| Une échelle de bois n° 7............................... | 22 | 00 |
| Crochets pour fixer les agrès au portique, la pièce.......... | 1 | 00 |
| Gros mât pour le portique, avec ferrure.................. | 9 | 00 |
| Une douzaine d'haltères de 1 kilogramme................. | 6 | 00 |
| Une douzaine d'haltères de 2 kilogrammes................ | 12 | 00 |
| TOTAL.............. | 232 | 00 |

# CIRCULAIRE DU 3 NOVEMBRE 1882

RELATIVE À L'INSTALLATION DES GYMNASES DES ÉCOLES
PRIMAIRES PUBLIQUES.

Monsieur le Préfet, depuis le vote de la loi du 27 janvier 1880,
qui a rendu obligatoire l'enseignement de la gymnastique dans les
écoles primaires, le crédit mis à la disposition de mon Département
pour la concession aux écoles d'appareils et d'agrès est devenu insuffisant. Les demandes se multiplient dans une telle proportion
qu'il m'est absolument impossible de donner suite à un grand nombre d'entre elles.

J'ai donc dû penser aux moyens de restreindre la dépense tout en
venant en aide, dans la mesure du possible, aux communes qui
désirent installer des gymnases dans leurs écoles, et j'ai l'honneur
de vous faire part des dispositions que j'ai prises à cet effet.

Les écoles de garçons seules pourront obtenir une concession. Il
ne sera fait aucun envoi, ni aux écoles de filles, ni aux écoles mixtes,
tant que les écoles de garçons n'auront pas été pourvues.

Aux termes de la circulaire du 5 novembre 1872, toute commune
qui sollicite une concession du Ministère doit avoir fait des sacrifices
pour être admise à prendre part au bénéfice des crédits spéciaux
inscrits au budget pour l'enseignement de la gymnastique.

Jusqu'ici le seul sacrifice qui ait été demandé aux communes est
l'établissement d'un portique. Outre le portique, j'exigerai à l'avenir
l'acquisition et l'installation des appareils suivants :

    1 petit mât pour le portique;
    1 gros mât pour le portique;
    1 échelle de bois;
    Des barres parallèles;
    12 haltères de 1 kilogramme;
    12 haltères de 2 kilogrammes.

Le transport de ce matériel volumineux et lourd augmentait con-
sidérablement son prix de revient et imposait à l'Administration des
sacrifices onéreux. De plus, les appareils en bois peuvent être facilement et convenablement établis partout dans des conditions de

bon marché que l'Administration ne saurait réaliser à Paris, où le prix de la main-d'œuvre est élevé.

Vous trouverez dans une feuille ci-incluse des indications suffisantes pour guider les charpentiers ou menuisiers que les communes chargeraient de ces fournitures.

Les concessions faites par l'Administration se borneront à l'avenir aux agrès mobiles dont la confection exige un soin particulier et qu'il serait peut-être difficile de se procurer partout dans des conditions satisfaisantes.

Ces agrès sont les suivants :

    1 corde à consoles ;
    1 corde à nœuds ;
    1 corde lisse ;
    1 échelle de cordes ;
    1 paire d'anneaux avec cordes ;
    1 trapèze à base ferrée ;
    Les crochets nécessaires pour fixer ces agrès.

La valeur de cette concession est de 71 fr. 65 cent., prix fort.

Je vous prie, Monsieur le Préfet, de vouloir bien prendre les mesures nécessaires pour faire parvenir ces instructions à la connaissance de MM. les maires de votre département, et de ne m'adresser l'avenir que les demandes des communes qui y auront satisfait.

Je vous rappellerai à cette occasion, Monsieur le Préfet, que le crédit de l'exercice 1882 affecté à l'enseignement de la gymnastique est épuisé. Vous devrez, en conséquence, ne me faire de nouvelles propositions qu'au commencement de l'année prochaine.

Recevez, Monsieur le Préfet, l'assurance de ma considération très distinguée.

*Le Ministre de l'instruction publique et des Beaux-Arts,*
DUVAUX.

---

## NOTE

ANNEXÉE À LA CIRCULAIRE DU 3 NOVEMBRE 1883 ET RELATIVE À LA CONFECTION DES APPAREILS DE GYMNASTIQUE À LA CHARGE DES COMMUNES.

1. Petit mât : hauteur, $4^m,65$ ; diamètre, de $0^m,05$ à $0^m,06$. En bois de frêne.

2. Gros mât avec ferrure : en sapin ; diamètre, $0^m,08$ ; hauteur, $4^m,65$.

3. Échelle de bois pour écoles primaires : Les montants en sapin ; hauteur, $4^m,80$. Échelons tournés en frêne.

Distance entre les échelons, o^m,27; diamètre, o^m,028. Diamètre inférieur des montants, o^m,08; supérieur, o^m,06. Longueur de l'échelon inférieur, o^m,48; supérieur, o^m,40.

4. Barres parallèles : Bâti en bois de hêtre, rouleaux en bois de frêne : hauteur totale à partir du sol, o^m,92; écartement des rouleaux, o^m,42; longueur, 2^m,30.

5. Haltères (douze) : Tiges en fer, boules en fonte aplaties. Poids, 1 kilogramme la paire.

6. Haltères (douze) : Tiges en fer, boules en fonte aplaties. Poids, 2 kilogrammes la paire.

# FOURNITURE DES APPAREILS DE GYMNASTIQUE.

La fourniture aux lycées, collèges, écoles normales primaires, écoles primaires communales, et aux communes, sur leur demande, des agrès et appareils pour les exercices de la gymnastique, a été l'objet d'une adjudication publique qui a eu lieu le 3o avril 1883.

M. Frété, fabricant d'appareils de gymnastique à Paris, boulevard de Sébastopol, n° 12, dont la soumission portait le rabais le plus élevé, a été déclaré adjudicataire.

Ce rabais est de 45.5o p. o/o ; il s'applique à toute fourniture demandée en vertu des clauses et conditions inscrites au cahier des charges.

En conséquence, les lycées, les collèges communaux, les écoles normales primaires, les écoles primaires communales et les communes qui voudront profiter, pour l'acquisition d'appareils et d'agrès de gymnastique, des avantages offerts à ces établissements par l'adjudication du 3o avril 1883, devront adresser directement leurs demandes au Ministère de l'Instruction publique (les établissements d'instruction secondaire, au 3ᵉ bureau de la Direction de l'enseignement secondaire ; les établissements d'instruction primaire et les communes, au 5ᵉ bureau de la Direction de l'enseignement primaire).

La commande devra être conforme au modèle ci-après :

*Modèle des commandes faites par les établissements publics d'instruction qui veulent profiter du bénéfice de l'adjudication.*

# AGRÈS ET APPAREILS
## POUR L'ENSEIGNEMENT DE LA GYMNASTIQUE.

COMMUNE     Lycée d     DÉPARTEMENT

d     Collège communal d     d

École normale d     ARRONDISSEMENT

Par     Commune d     d

Le lycée d
Le collège communal d
L'école normale d
L'école publique d
La commune d
Arrondissement d
Département d

Met à la disposition de M. Frété, adjudicataire de la fourniture des appareils et agrès pour les exercices gymnastiques, la somme de [1] ci [2]     pour qu'il fournisse les objets dont la liste est ci-jointe, destinés à l'enseignement de la gymnastique, et qui devront être expédiés en franchise, par petite vitesse, dans le délai de quinze jours, à partir de la réception de la commande par l'adjudicataire, à la gare d     , ligne d

*Signature du Proviseur, du Principal, du Directeur ou du Maire.*

(Cachet de l'établissement     (Visa du Ministre
ou de la mairie.)     de l'Instruction publique.)

*Détail des objets demandés.*

| NUMÉROS D'ORDRE. | INDICATION DES OBJETS. | NOMBRE des OBJETS de chaque numéro. | PRIX D'UNITÉ. | PRIX de la FOURNITURE. |
|---|---|---|---|---|
| | | | | |
| | Prix total de la commande au prix fort............ | | | |
| | Remise de 45.50 p. o/o à déduire....... | | | |
| | Somme totale due pour la fourniture des objets envoyés *franco.* | | | |

[1] Indiquer la somme en toutes lettres.   —   [2] Indiquer la somme en chiffres.

# LISTE DES APPAREILS ET AGRÈS

## POUR LES EXERCICES GYMNASTIQUES.

| NUMÉROS d'ordre. | NATURE DES OBJETS. | PRIX servant DE BASE à l'adjudication. | | OBSERVATIONS. |
|---|---|---|---|---|
| | | fr. | c. | |
| 1 | Cannes devant servir de barres à sphères, la douzaine. | 7 | 00 | Longueur, $1^m,30$; diamètre, $0^m,025$. En bois de frêne. |
| 2 | Petit mât......... | 7 | 00 | Hauteur, $4^m,65$; diamètre, de $0^m,05$ à $0^m,06$. En bois de frêne. Le collet en fer qui rattache le petit mât au portique n'est pas compris dans la fourniture. |
| 2 *bis* | Gros mât avec ferrure. | 9 | 00 | En sapin du Nord, de fil, sans nœuds; diamètre, $0^m,08$. Le reste comme au n° 2. |
| 3 | Corde à consoles .... | 10 | 00 | Corde [1] dite *septin*. Hauteur, $3^m,70$; diamètre, $0^m,019$. Petit anneau en fer à la partie supérieure de la corde et cosses en cuivre. Diamètre des consoles, $0^m,08$; hauteur, $0^m,07$. Distance des consoles du centre au centre, $0^m,29$. |
| 4 | Échelle de cordes.... | 12 | 00 | Cordes dites *en quatre torons*. Hauteur des cordes, $3^m,70$; diamètre, $0^m,019$. Échelons en frêne : longueur, $0^m,35$; diamètre, $0^m,025$; distance des échelons d'axe en axe, $0^m,28$. Petits anneaux en fer à la partie supérieure des cordes et cosses en cuivre. |
| 5 | Corde à nœuds...... | 12 | 00 | Corde dite *septin*. Hauteur, $3^m,70$; diamètre, $0^m,26$. Distance des nœuds d'axe en axe, $0^m,30$. Petits anneaux en fer à la partie supérieure de la corde et cosses en cuivre. |
| 6 | Anneaux.......... | 11 | 00 | Corde dite *septin*. Longueur des cordes, $2^m,20$. Double boucle, y compris les anneaux. Diamètre des cordes, $0^m,018$; diamètre extérieur des anneaux, $0^m,20$ (fer étamé); épaisseur du fer, $0^m,018$. Petits anneaux en fer à la partie supérieure des cordes et cosses en cuivre. |
| 6 *bis* | *Idem*............. | 10 | 00 | Longueur des cordes, 2 mètres. Le reste comme au n° 6. |

[1] Tous ces cordages doivent être en première nature de chanvre, filés à la main et câblés en duites.

| NUMÉROS d'ordre. | NATURE DES OBJETS. | PRIX servant DE BASE à l'adjudication. | OBSERVATIONS. |
|---|---|---|---|
| | | fr. c. | |
| 7 | Échelle orthopédique de 4 mètres pour écoles primaires. | 35 00 | Composée d'une planche en sapin du Nord de 4 mètres de longueur sur $0^m,23$ de largeur et $0^m,035$ d'épaisseur, de deux montants en même bois de chacun $0^m,05$ de largeur sur $0^m,035$ d'épaisseur.<br>Les échelons en frêne, tournés, de $0^m,12$ de longueur entre le bord de la planche et le montant; le tourillon entrant dans la planche a $0^m,03$ de longueur sur $0^m,018$ de diamètre; la tourillon entrant dans les montants a $0^m,035$ de longueur sur $0^m,018$ de diamètre; chaque tourillon est fixé par une vis qui doit le traverser; à chaque extrémité est fixée avec des vis une partie en feuillet de chêne. |
| 7 *bis* | Échelle orthopédique de 5 mètres pour écoles normales ou lycées. | 40 00 | Comme au n° 7; il n'y a que des échelons en plus [1]. |
| 8 | Cordes lisses, l'une.. | 8 00 | Corde septin. Longueur, $3^m,70$; diamètre, $0^m,029$.<br>Petits anneaux en fer à la partie supérieure des cordes, cosses en cuivre. |
| 9 | Échelle de bois à gorge. | 35 00 | Deux montants de chacun 4 mètres en sapin du Nord, de fil et sans nœuds; la partie arrondie du dessus a $0^m,045$ de hauteur sur $0^m,035$ d'épaisseur; la partie dans laquelle rentre le tourillon de l'échelon a $0^m,035$ de hauteur et l'épaisseur totale du montant est de $0^m,055$. — Échelons en frêne, de fil, de $0^m,35$ de longueur entre les montants et de $0^m,028$ de diamètre. — Les tourillons entrant dans les montants ont $0^m,04$ de longueur sur $0^m,017$ de diamètre. — Chaque tourillon est fixé par une vis. |
| 9 *bis* | Idem............ | 40 00 | Pour la plus grande échelle, dont la longueur est de 5 mètres, il n'y a aucune différence dans son établissement. — Les montants seulement ont $0^m,01$ de plus de hauteur sous la partie où est assemblé le tourillon de l'échelon. |
| 10 | Barres parallèles..... | 70 00 | N° 1. — Grand modèle. — Hauteur totale des barres, 1 mètre; écartement des barres d'axe en axe, $0^m,48$. — Composées de quatre montants en chêne, sans nœuds, de $0^m,07$ de largeur sur $0^m,05$ d'épais- |

[1] Le modèle n° 7 *bis* ne différant du n° 7 que par la longueur de l'échelle, qui est de 5 mètres au lieu d'être de 4, un seul type a été établi et exposé au Musée pédagogique.

| NUMÉROS d'ordre. | NATURE DES OBJETS. | PRIX servant DE BASE à l'adjudication. | OBSERVATIONS. |
|---|---|---|---|
| | | fr.    c. | |
| | | | seur ; ces montants assemblés à tenons et mortaises dans des semelles en chêne ; de deux barres elliptiques en frêne, de fil, sans nœuds, de chacune $2^m,5o$ de longueur sur $o^m,o6$ de diamètre au grand axe et $o^m,o5$ de diamètre au petit axe. — Ces deux barres sont assemblées à tenons et mortaises avec les quatre montants. — Aux quatre angles du dedans sont fixés quatre gaucets en hêtre maintenus par quatre vis à tête fraisée de 23,5o. — Dans les quatre angles des extrémités sont fixées quatre équerres en fer de $o^m,o25$ sur $o^m,o11$ : la branche du haut est entaillée dans la barre en frêne ; chaque équerre est fixée par quatre vis à tête ronde de 26,5o. — Sur les montants et les semelles sont fixées deux doubles équerres en fer de $o^m,o5o$ sur $o^m,o11$ avec un fort congé dans chaque angle. — Chaque équerre est fixée par neuf vis à tête fraisée de 26,5o. Ces équerres sont assez fortement chanfreinées, excepté les congés. — A la base, sous les semelles, sont fixées, à queue d'aronde, deux parties en bois de hêtre pour maintenir l'écartement ; sous les bouts des semelles sont fixées des petites plaques en chêne ou en hêtre de $o^m,o1$ d'épaisseur. |
| 10 *bis* | Barres parallèles . . . . | 65 oo | N° 2. — Petit modèle. — Longueur des barres en frêne, $2^m,3o$. — Diamètre du grand axe, $o^m,o55$ ; diamètre du petit axe, $o^m,o45$.<br>Hauteur des barres, $o^m,95$. Écartement des barres d'axe en axe, $o^m,45$.<br>Le reste semblable aux grandes barres, modèle n° 1. |
| 11 | Perches oscillantes, l'une. | 6 oo | En bois de frêne : hauteur, $3^m,65$ ; diamètre moyen, $o^m,o44$. A la partie supérieure, crochet et ferrure conformes au modèle. |
| 12 | Trapèze à base ferrée. | 11 oo | Longueur des cordes, $2^m,1o$ ; diamètre, $o^m,o18$. Corde septin, bâton ferré en bois de frêne ; longueur, $o^m,8o$ ; diamètre, $o^m,o35$. Le bâton goupillé à chaque extrémité ; la goupille traversant la tige en fer. |
| 12 *bis* | *Idem.* . . . . . . . . . . . . | 10 oo | Longueur du bâton, $o^m,8o$ ; longueur des cordes, 2 mètres ; diamètre des cordes, $o^m,o18$.<br>Le reste comme au n° 12. |
| 13 | Crochets pour fixer les agrès au portique. | o 85 | En fer étamé et à vis tire-fond, conformément au modèle. |

| NUMÉROS d'ordre. | NATURE DES OBJETS. | PRIX servant DE BASE à l'adjudication. | | OBSERVATIONS. |
|---|---|---|---|---|
| | | fr. | c. | |
| 14 | Haltères.......... | o | 6o | Tiges et rondelles aplaties en fonte douce. Poids, 1 kilogramme la paire. |
| 14 *bis* | *Idem*............. | 1 | 20 | Tiges et rondelles aplaties en fonte douce. Poids, 2 kilogrammes la paire. |
| 14 *ter* | *Idem*............. | 1 | 8o | Tiges et rondelles aplaties en fonte douce. Poids, 3 kilogrammes la paire. |
| 14 *quater* | *Idem*............. | 2 | 4o | Tiges et rondelles aplaties en fonte douce. Poids, 4 kilogrammes la paire. |
| 15 | Chevalet de natation.. | 5 | 75 | Bois de frêne de $0^{mq},035$. Hauteur du chevalet ouvert, $0^m,65$. Assises des pieds sur la largeur, $0^m,55$; sur la longueur, $0^m,5o$. Au milieu, traverse en fer pour la jonction des pieds rivés avec rondelles. Tissu toile treillis de $0^m,45$ sur $0^m,32$ avec angles de renfort de $0^m,04$ de largeur. |
| 16 | Barres à sphères, la douzaine. | 15 | oo | Bâtons et boules en frêne, longueur totale, $1^m,4o$; diamètre, $0^m,025$; diamètre de la boule, $0^m,08$. |
| 17 | Corde de traction ... | 15 | oo | Corde, 4 torons, de 15 mètres de longueur; diamètre, $0^m,025$. |
| 18 | Perches à sauter, la pièce.......... | 2 | 5o | En bois de frêne de brin. |
| | | 2 | 75 | N° 1. — $2^m,3o$ de longueur sur $0^m,041$ de diamètre à la base et $0^m,036$ de diamètre à la partie supérieure. |
| | | 3 | oo | N° 2. — $2^m,5o$ de longueur sur $0^m,05o$ de diamètre à la base et $0^m,036$ de diamètre à la partie supérieure. N° 3. — Longueur, $2^m,6o$ sur $0^m,045$ de diamètre à la base et $0^m,035$ de diamètre à la partie supérieure. |
| 19 | Mils (1er modèle), chaque. | 3 | 5o | Deux modèles en bois de quartier frêne ou orme. Première grandeur : hauteur totale, $0^m,57$; diamètre moyen, $0^m,11$; hauteur de la poignée, $0^m,11$; diamètre, $0^m,025$. Deuxième grandeur : hauteur, $0^m,52$; diamètre moyen, $0^m,09$; même poignée. |
| | Mils (2e modèle), chaque. | 3 | oo | |
| 20 | Cordeau à sauter avec petits sacs en cuir de veau remplis de sciure de chêne. | 5 | 25 | Corde. Longueur, $7^m,5o$; diamètre, $0^m,006$. Chevilles en fer de $0^m,20$ de longueur sur $0^m,01$ de diamètre. Poids moyen du sac, 6oo grammes. |
| 21 | Barre à suspension .. | 75 | oo | De 6 mètres de longueur, en fer, de $0^m,035$ de diamètre; trois potences en fer, à scellement. |

# VI

## ENSEIGNEMENT DE LA GYMNASTIQUE
### À L'ÉTRANGER.

# RÉSUMÉ DE L'ÉTAT ACTUEL

DE

## L'ENSEIGNEMENT DE LA GYMNASTIQUE SCOLAIRE
## À L'ÉTRANGER[1].


### ALLEMAGNE.

PRUSSE. — L'enseignement de la gymnastique a été rendu obligatoire en Prusse par une loi du 6 juin 1842.

Il y a à Berlin un institut central fondé en 1848 pour la formation du personnel enseignant. Le système Ling-Rothstein, qui y est exercé, est une combinaison du système suédois et du système allemand enseigné par Jahn.

Jahn (1778-1852) considéra la gymnastique uniquement au point de vue patriotique.

L'abus des exercices les plus périlleux et les plus violents fit condamner son système par les médecins et les pédagogues. Le gouvernement prussien s'en émut et chargea le major Rotchtein de modifier cet enseignement en l'appropriant aux exigences de l'école.

Il y a aussi à Berlin une école municipale destinée à former des maîtres pour les établissements d'instruction de la ville. Dans cette école, le système employé par le D<sup>r</sup> Angerstein consacre peu de temps aux exercices d'ensemble, mais fait un grand emploi des appareils.

A Berlin, Hanovre et quelques autres villes seulement, des cours de gymnastique pour les demoiselles fonctionnent régulièrement d'après la méthode de Spiess.

WURTEMBERG. — Le D<sup>r</sup> Jaeger, inspecteur dans le Wurtemberg, donne aux exercices de gymnastique un caractère athlétique qui les rapproche des exercices des anciens. Ainsi les haltères, la canne en fer, les courses, les sauts, le lancer des projectiles sont fort usi-

---

[1] Note de M. G. Demeny, préparateur au Collège de France.

tés; les instruments comme les barres parallèles, le cheval ne sont employés par les élèves qu'à partir de l'âge de quatorze ans.

Bavière. — A Munich, il y a une école système Jahn-Spiess; de même, à Carlsruhe, le personnel enseignant est recruté au moyen d'une école de gymnastique annexée à l'école normale.

Hesse. — Dans le grand-duché de Hesse, la gymnastique, obligatoire pour les élèves des collèges et des *Realschulen*, est facultative pour les élèves des écoles primaires.

Mais c'est dans la Hesse, particulièrement à Darmstadt, que la gymnastique des filles, sous l'impulsion de Spiess, a reçu le plus de développement.

Spiess (1810-1858) est le fondateur de la gymnastique scolaire allemande. Son système se compose d'exercices libres, d'exercices d'ordre avec chants et d'exercices très restreints aux appareils. Spiess n'employait les barres parallèles et la barre fixe qu'avec beaucoup de ménagement. Il était convaincu qu'on peut arriver à un développement normal de toutes les parties du corps sans avoir recours à des moyens artificiels.

Aussi sa méthode ramena la confiance chez les parents des élèves et obtint l'approbation du corps médical et des pédagogues.

Saxe. — Il y a en Saxe une école spéciale pour la formation des professeurs; elle fonctionne depuis 1850 et comprend une section pour les filles.

Le système employé par le D$^r$ Kloss consiste dans l'emploi d'exercices libres simultanés et d'appareils qui permettent d'exercer beaucoup d'élèves à la fois, comme les perches verticales réunies au nombre de 24 ou 36. Les appareils qui pourraient offrir quelque danger sont supprimés ou employés avec grande prudence.

A Leipsig, M. Lion emploie pour les filles une grande quantité d'appareils.

A Dresde, au contraire, le D$^r$ Kloss, décédé, employait seulement pour les filles la balançoire et le vindas.

### ANGLETERRE.

La gymnastique, méthodiquement enseignée, n'existe en Angleterre que dans l'armée.

Les écoliers et un grand nombre de citoyens anglais se livrent avec passion à des jeux libres comme le cricket, la balle, la course, et à des sports comme la boxe, la natation, le canotage, etc.

Ces exercices semblent suffire au point de vue hygiénique.

## AUTRICHE.

Depuis 1870, le gouvernement autrichien a introduit l'enseignement de la gymnastique dans les écoles normales et dans les écoles supérieures. Il a aussi créé une inspection générale de cet enseignement.

Le système Jahn-Spiess y est en vigueur.

## BELGIQUE.

Le recrutement du personnel enseignant se fait parmi les instituteurs pour les écoles primaires et parmi les professeurs mêmes dans les écoles d'instruction moyenne et dans les écoles normales.

Il n'y a donc pas de professeurs spéciaux de gymnastique dans les écoles de l'État.

Depuis 1876 des cours normaux ont été institués durant un et deux mois par année pour l'instruction gymnastique des instituteurs et institutrices.

Ces cours sont divisés comme il suit :

Trois heures par semaine pour la pédagogie et l'histoire de la gymnastique;

Quatre heures par semaine pour l'anatomie, la physiologie et l'hygiène;

Quatre heures de leçon par jour pour les exercices pratiques.

L'examen destiné à l'obtention du certificat d'aptitude à l'enseignement de la gymnastique se compose d'une partie écrite, d'une partie orale et d'une démonstration pratique destinée surtout à mettre en évidence l'aptitude du candidat à l'enseignement pratique.

L'examen comprend quatre degrés et quatre diplômes différents donnant droit à l'enseignement de la gymnastique dans les écoles primaires, dans les écoles moyennes, dans les écoles normales primaires et dans les écoles normales moyennes.

Le système d'enseignement, dû à l'initiative du colonel Docx, a été établi sur des bases très positives.

Une distinction bien nette a été faite entre la gymnastique scolaire obligatoire et la gymnastique libre ou de fantaisie. Cette distinction est basée sur ce fait qu'à l'école on ne s'adresse qu'à des enfants; que les enfants doivent être exercés simultanément sans exception, et que les mouvements et appareils de gymnastique doivent avoir une utilité bien démontrée au point de vue du développement harmonieux du corps, de la conservation de la santé et des applications sociales.

On cherche surtout dans la pratique une forme de l'enseignement qui soit récréative et en harmonie avec nos mœurs et nos besoins. On exclut les exercices qui présentent quelque danger réel et ne peuvent être à la portée des instituteurs ou institutrices.

Les jeux, les exercices libres et les exercices d'ordre tactique sont très pratiqués; les leçons sont graduées et en rapport avec l'âge et le sexe des enfants. Certains appareils comme le trapèze, la barre fixe et les anneaux ont été abandonnés comme ne répondant pas aux exigences de la gymnastique scolaire.

La gymnastique scolaire des filles possède en Belgique un enseignement aussi important que celui des garçons.

Un inspecteur général est chargé de la surveillance des écoles normales et moyennes. Des inspecteurs régionaux ont, sous sa direction, la surveillance du matériel et celle de l'enseignement gymnastique des écoles primaires.

Le nombre d'heures consacrées à la gymnastique était de trois heures par semaine. Mais il est question de donner à la pratique des exercices vingt minutes au moins tous les jours le matin et l'après-midi.

### DANEMARK.

L'introduction de la gymnastique dans les écoles du Danemark date de 1807. Le système adopté, formé des deux méthodes Ling et Jahn, revêt un caractère militaire très prononcé.

### ÉTATS-UNIS.

L'enseignement de l'éducation physique est loin d'être méthodique et d'être généralisé aux États-Unis [1].

Cependant les jeunes gens des deux sexes s'adonnent avec passion aux jeux athlétiques. Des sociétés de secours publics sont également organisées et il existe même au Wellesley-College un corps de pompiers composé entièrement de jeunes filles.

---

[1] Voir le Rapport de M. B. Buisson sur l'instruction publique à l'Exposition universelle de la Nouvelle-Orléans, p. 123 et 124 du fascicule n° 17 (*Mémoires et documents scolaires*).

## ESPAGNE.

Une loi nouvelle rend obligatoire l'enseignement de la gymnastique hygiénique. Des cours spéciaux sont institués dans l'enseignement secondaire et dans les écoles normales. Le diplôme de bachelier ne peut être obtenu d'après cette loi qu'en justifiant de la fréquentation d'un cours de gymnastique pendant trois années.

## HOLLANDE.

L'enseignement de la gymnastique est inscrit au programme des écoles normales primaires, mais n'est pas encore introduit d'une manière générale et uniforme dans les écoles. Le système employé se rapproche du système danois.

## ITALIE.

Des cours temporaires sont faits à l'école centrale de gymnastique de Turin et suivis par des professeurs envoyés par le Gouvernement et les communes.

A Florence, des cours normaux sont faits spécialement pour les institutrices en fonction. Ces cours durent du 1er septembre au 1er décembre et comprennent plusieurs degrés.

Dans des écoles populaires fréquentées pendant trois années par des jeunes gens de quinze à dix-neuf ans, des séances d'exercices militaires ont lieu le dimanche et les jours de fête. Les jeunes gens satisfaisant aux conditions du programme de ces écoles jouissent de certains avantages et en particulier de la réduction du temps du service militaire.

Un système mixte de gymnastique se rapprochant beaucoup du système français y est en vigueur.

## RUSSIE.

L'enseignement de la gymnastique commence seulement à se répandre dans les écoles de Russie.

## SUÈDE.

L'institut central de Stockholm a été fondé en 1814; dirigé par le colonel Nyblaeus, il comprend un enseignement complet divisé en trois branches bien distinctes :

La gymnastique médicale;

La gymnastique pédagogique;

La gymnastique militaire.

Dans les collèges et athénées, on consacre à la gymnastique trois heures par semaine dans les classes inférieures et six heures dans les classes supérieures.

Dans les écoles primaires où il n'y a pas de gymnase, la leçon de gymnastique est donnée par les mauvais temps dans la classe même et alterne avec l'enseignement des autres branches du programme.

Le système employé est celui de Ling (1776-1839). Il comprend peu d'exercices aux appareils, des excursions, manœuvres, tactiques avec fusils de bois pour les classes inférieures. Pour les classes supérieures il contient l'escrime à la baïonnette, au fleuret, au sabre, le tir à la cible, les exercices aux appareils, les barres parallèles exceptées.

Les mouvements sont appropriés au sexe, à l'âge, à la taille et à la force des élèves.

Dans les écoles normales, la gymnastique est enseignée aux institutrices comme aux instituteurs concurremment avec les autres branches du programme.

Il existe des cours de gymnastique dans la plupart des écoles de filles.

La recherche des qualités esthétiques dans les attitudes et les mouvements est poussée en Suède à un degré qu'on ne rencontre nulle part.

## SUISSE.

Toutes les écoles de Suisse reçoivent l'enseignement de la gymnastique. Des fêtes nationales convient toute la jeunesse scolaire à des exercices corporels exécutés publiquement.

Les jeunes gens, dès l'âge de dix ans jusqu'à la sortie de l'école primaire, reçoivent un enseignement préparatoire au service militaire.

Cet enseignement comprend des jeux, des exercices d'ordre, de canne, des exercices libres et des exercices aux appareils.

L'instruction comprenant six années, de dix à quinze ans, est obligatoire pour tous les élèves des établissements scolaires privés et publics. Elle est confiée aux instituteurs à qui l'on fait des cours spéciaux et qui sont indemnisés de ce surcroît de travail imposé [1].

---

[1] Les renseignements précédents ont été principalement extraits des ouvrages ci-dessous :

*La gymnastique rationnelle appliquée au développement des forces viriles,* par le colonel Docx.

*Rapport à M. le Ministre de l'Intérieur sur la situation de l'enseignement de la gymnastique en Hollande, en Allemagne et dans les pays du Nord,* par MM. Braun, Brouwers et Docx.

# VII

# BIBLIOGRAPHIE.

# BIBLIOGRAPHIE.


## OUVRAGES FRANÇAIS.

Amoros. — Manuel d'éducation physique, gymnastique et normale. (Encyclopédie Roret, 1838.)

Chassagne et Dally. — Influence de la gymnastique sur le développement des organes et de la force. (Paris, 1881.)

D<sup>r</sup> Collineau. — La gymnastique. (Paris, J.-B. Baillière, 1884.)

Corra et Demeny. — Effets physiologiques et philosophiques de la gymnastique rationnelle. (Paris, Bouzin, 1880.)

E. Dally. — Nécessité de l'éducation physique et organisation des gymnases municipaux. — De l'exercice méthodique de la respiration. (Bulletin général de thérapeutique, Paris, 1878.) — Déformations scolaires de la colonne vertébrale. (Paris, Masson, 1879.) — Article *Gymnastique* du Dictionnaire encyclopédique des sciences médicales.

N. Dally. — Cinésiologie. (Paris, 1857.)

G. Demeny. — L'éducation physique. (Travaux du cercle de gymnastique rationnelle, 1880-1887.) — Résumé de cours théoriques sur l'éducation physique et plan d'un enseignement théorique supérieur de l'éducation physique. (Le Mans, Monnoyer, 1886.)

Féry d'Esclands et Dally. — De la gymnastique, commentaires anatomiques et physiologiques. (Paris, 1884.)

Féry d'Esclands. — Article *Gymnastique* du Dictionnaire de pédagogie de M. Buisson.

Heiser. — Traité de gymnastique raisonnée. (Paris, Masson, 1854.)

De Jarry de Bouffémont. — Catéchisme gymnastique. (Épinal, Busy, 1876.) — Manuel de gymnastique éclectique. (Paris, Dumaine, 1871.)

Laisné. — Gymnastique pratique. (Paris, Hachette, 1879.) — Gymnastique des demoiselles. (Paris, Lelièvre, 1854.)

M<sup>lle</sup> Laisné. — Mouvements préparatoires pour les demoiselles. (Paris, Hachette, 1880.)

Le Guénec. — Manuel de gymnastique. (Paris, Delalain.)

Marey et Demeny. — Étude expérimentale de la locomotion humaine (marche, course, saut). (Comptes rendus de l'Académie des sciences, 1882-1887.)

Paz. — La gymnastique raisonnée. (Paris, Hachette, 1880.)

Pichery. — La gymnastique de l'opposant. (Paris, J.-B. Baillière, 1879.)

Riant. — Hygiène scolaire. (Paris, Hachette, 1880.)

D. Séhé. — Manuel de gymnastique d'assouplissement et gymnastique pratique. — Chants appliqués à la gymnastique. (Paris, Le Bailly.)

Vergnes. — Manuel de gymnastique. (Paris, Hachette, 1876.)

L'enseignement de la gymnastique dans l'Université. (Paris, Imprimerie nationale, 1878.)

*Le Gymnaste*, journal de l'Union des sociétés de gymnastique de France.

*La Gymnastique française*, organe de l'Union des professeurs de gymnastique de France.


## OUVRAGES ÉTRANGERS ÉCRITS EN FRANÇAIS.


Baudenelle. — Gymnastique pédagogique pour garçons. (Verviers, 1884.)

Braun, Brouwers et Docx. — Rapport sur la situation de l'enseignement de la gymnastique en Hollande, en Allemagne et dans les pays du Nord. (Bruxelles, 1873.)

Clias. — Gymnastique rationnelle et callisthénie [1]. (Genève, 1853.)

Cornette. — Manuel pratique et raisonné de gymnastique rationnelle. (Bruxelles, Manceaux, 1873.)

Colonel Docx. — Guide pour l'enseignement de la gymnastique des garçons à l'usage des écoles normales. (Namur, 1878.) — Guide pour l'enseignement de la gymnastique des filles. (Namur, 1882.) — La gymnastique rationnelle appliquée au développement des forces viriles. (Namur, 1884.) — *La Gymnastique scolaire*, organe de la fédération des propagateurs de la gymnastique scolaire. (Bruxelles, 1878-1887.)

H. de Fletres (Cᵗ Bonnal). — L'instruction de l'infanterie française. (Paris, 1887.)

Happel. — La gymnastique basée sur l'anatomie, la physiologie,

---

[1] Voir au sujet de la *Callisthénie* un article de M. Sabatié dans la *Revue pédagogique* du 15 mai 1885, p. 445.

l'hygiène et la pédagogie. (Anvers, 1872.) — La gymnastique ou le maintien et le mouvement de l'homme sain. (Anvers, 1887.)

Junod et Senglet. — Gymnastique populaire raisonnée.

Niggeler. — Manuel de gymnastique à l'usage des deux sexes.

Nycander. — Gymnastique rationnelle suédoise. (Bruxelles, 1874.)

Puritz et Senglet. — Manuel de gymnastique suisse.

Schereber. — Gymnastique de chambre. (Paris, Masson, 1879.)

Van Gelder. — Manuel d'anatomie et de physiologie destiné aux candidats au diplôme de professeur de gymnastique.


———

# TABLE DES MATIÈRES.

## IV. PROGRAMMES.



## V. MATÉRIEL POUR L'ENSEIGNEMENT DE LA GYMNASTIQUE.



## VI. ENSEIGNEMENT DE LA GYMNASTIQUE À L'ÉTRANGER.



## VII. BIBLIOGRAPHIE.